Eine Theorie des agilen Unternehmens

Erklärung von kollektiver Kompetenz

Sicher führen und beraten

herausgegeben von
Dr. Karl Kreuser
Thomas Robrecht

Band 3

Karl Kreuser

Eine Theorie des agilen Unternehmens

Erklärung von
kollektiver Kompetenz

© SOKRATeam, Unterföhring, 2024

2. überarbeitete Auflage

Dr. Karl Kreuser
Thomas Robrecht
www.sokrateam.de

Alle Rechte vorbehalten.

Das Werk einschließlich aller seiner Teile ist urheberrechtlich geschützt. Jede Verwertung außerhalb der engen Grenzen des Urheberrechtsgesetzes ist ohne Zustimmung von SOKRATeam unzulässig und strafbar. Dies gilt insbesondere für Vervielfältigungen, Übersetzungen, Mikroverfilmungen und die Einspeicherung und Verarbeitung in elektronischen Systemen.

ISBN: 978-1-7287-8349-9

Bibliografische Information der Deutschen Nationalbibliothek:

Die Deutsche Nationalbibliothek verzeichnet diese Publikation in der Deutschen Nationalbibliografie; detaillierte bibliografische Daten sind im Internet abrufbar über http://dnb.dnb.de.

Sicher haben Sie sich, verehrte Leserin, verehrter Leser, schon vor diesem Buch Gedanken über Agilität gemacht. Deshalb habe ich uns – Ihnen und mir – ein Vorwort, eine beschreibende, polemisierende oder gar aufrüttelnde Einleitung erspart und falle gleich mit der Tür ins Haus.

Ich will fern jeder Belehrung Phänomene für agileres Handeln darstellen, ohne Idealisierung und ohne es zu verteufeln. Mich trägt der Wunsch, es möge für Sie einen fruchtbaren Unterschied zwischen *vor dem Buch* und *nach dem Buch* geben.

Diese Abhandlung ersetzt nicht das eigene Denken. Agile Unternehmen sind jeweils einzigartig und es gibt kein Patentrezept. Jedes Unternehmen muss sich kreativ und innovativ mit seinen Möglichkeiten und Restriktionen zur Umwelt in Bezug setzen. Es wird keine fertigen Anleitungen geben, wie agile Unternehmen hergestellt werden können. Einziges Ziel hier ist, das selbstorganisierte Nachdenken und das eigene Reflektieren anzuregen, wenn man sich professionalisieren und ein Unternehmen agiler ausrichten will.

Die Abhandlung steht in gedanklichem Dreiklang mit meiner *Behauptung einer normativen Führungsethik* und dem Essay *Der Hirtenkönig*. Diese sind ebenfalls in der Reihe **Sicher führen und beraten** erschienen.

Ich erspare uns auch eine belehrende oder aktivierende Anregung zum Schluss. Das wären meine Gedanken und Worte. Der Sinn entfaltet sich jedoch in Ihrem Denken und macht Sie zum kompetenten und unverwechselbaren Original:

Ihr Gedanke zählt, nicht meiner!

Struktur

Vokabeln 1
  Agilität 1
    Erlebte Komplexität 2
    Prinzipien 5
    Krisenintervention 7
    Angewandte Agilität 8
    Paradigmenwechsel 11
  Kollektive (Teams und Unternehmen) 13
    Kollektive Phänomene 17
    Kollektives Handeln..20
  Kompetenzen...25
    Kompetenzbegriff 27
    Situations- und Handlungsbezug 30
    Kreativität 32
    Basiskompetenzen 34
    Kollektive Kompetenz 37
    Agilitätskompetenz..41

Grammatik 43
  Gegenteile und Gegenidentitäten.....................43
  Unternehmen als System..................................51
    Selbstorganisation...54
  Agile Führung..61
    Führung 61
    Management 64
    Leitung...67

Theorie des agilen Unternehmens 69
  Abgestimmtes Wirklichkeitskonstrukt 71
  Arbeitsfähige Strukturen 85
  Stimmige Kultur 89
  Individuelle Kompetenzen................................93
  Konsequenzenreiche Reflexivität 97

Kontexte 101
  Menschen..105
  Terme 107

Vokabeln

Agilität

Eine sich permanent und grundlegend verändernde Umwelt erlaubt kein *weiter so* mit bisher bewährten Routinen, sondern erfordert Disruption, ein kritisch reflektiertes Infragestellen, Unterbrechen und Ablösen bisheriger Muster. Also die konsequente und radikale Innovation im Handeln sowie in den Werten und Paradigmen, die das Handeln determinieren. Dazu braucht es eine Idee und organisationale Fitness.

Mit dem *Manifest für Agile Softwareentwicklung* bekannten sich 2001 etliche Softwareentwickler zu einer völlig anderen Haltung und Vorgehensweise für ihre Arbeit. Sie stellten den Kund:innennutzen und die sozialen Gefüge über formale Regeln und Strukturen, zeitnahe Praxistauglichkeit vor verspätete Perfektion. Inzwischen verpflichten sich weltweit hunderte von Softwareschmieden diesem Manifest. Sehr einfach und mit einem Augenzwinkern gesagt, lautet der Paradigmenwechsel: Lieber formlos erfolgreich, als formvollendet scheitern. Wenn ein Unternehmen agiler werden will, dann kann es die Haltung analog übernehmen, den Kund:innennutzen und das zwischenmenschliche Potenzial über Formalismen zu stellen.

Das Adjektiv *agil* bedeutet *flink, beweglich, wendig, regsam*. Der Begriff *Agilität* stammt vom lateinischen Verb *agere* ab, übersetzt: *unmittelbar tun, machen, handeln*. Das passt gut zu der Überlegung, dass Agilität sich im Handeln *zeigt* und nicht in der Absichtsbekundung.

Um agil zu sein, muss man zwingend handeln.

Erlebte Komplexität

Die Haltung und Denkweise von Agilität hat auch in anderen Handlungsfeldern Einzug gefunden, etwa agile Produktion, agiles Projektmanagement oder eben agile Unternehmensführung. Letztlich geht es dabei darum, in einer Welt, die immer *komplexer* oder immer *chaotischer* erlebt wird, zu mehr Resilienz und zu einem zuverlässigen und in die Zeit passenden Handlungsrahmen zu finden.

Alles wird scheinbar komplexer, alles wird angeblich chaotischer. Phänomene wie Pandemien, Kriege, fake news, Klimawandel, Globalisierung und gesellschaftlicher Wertewandel tragen dazu bei. Arbeit 4.0, Demografie und Fachkräftemangel, Transformation, Digitalisierung, Big Data, Kollege Roboter und das Internet der Dinge sind Tatsachen. Künstliche Intelligenz wird ebenso beargwöhnt wie beschworen, gelegentlich ohne zugleich die natürliche Intelligenz voll auszuschöpfen.

New Work an allen Orten. Die Grenze zwischen Freizeit und Arbeit wird unscharf, Arbeitszeitmodelle immer individueller, Erreichbarkeit total. Arbeitszeit wird zu sogenannter Work-Life-Balance in Bezug gesetzt und bisweilen mit Anwesenheitszeit verwechselt.

Sinnhaftigkeit und Freude an der Arbeit werden sehnsüchtig in direkte Zusammenhänge mit Leistung und Erfolg gebracht. Die *Generation Z* ist im Arbeitsleben angekommen: *digital natives* wundern sich nur kurz über *digital immigrants* und gehen ihr Leben woanders leben, wo es einfach mehr Spaß macht.

Die Prognose verweist auf eine zunehmende Zusammenarbeit in wechselnden Konstellationen mit fest angestellten und freien Mitarbeiter:innen in sogenannten Netzwerken. Kund:innenerwartungen, Individualisierung, andere Lebensentwürfe, Diversity und Inklusion fordern heraus. Herkömmliche Hierarchien lösen sich zugunsten von Partizipation und Kooperation auf. Die Zusammenarbeit wird virtueller.

Kunstworte, wie beispielsweise VUCA oder BANI, benennen *beliebige* Eigenschaften der wahrgenommenen Umwelt und sind weder Fanal noch Albtraum.

Eigenschaften der wahrgenommenen Umwelt	
VUCA	**BANI**
volatile (unbeständig)	brittle (brüchig)
uncertain (unsicher)	anxious (angstauslösend)
complex (komplex)	non-linear (nichtlinear)
ambiguous (mehrdeutig)	incomprehensible (unverständlich)

Akronyme für eine komplex oder chaotisch erlebte Umwelt

Völlig egal, mit welchen Vokabeln oder Akronymen die Wahrnehmung umrissen wird: Die erlebte Realität wird mit *beliebigen* Eigenschaftsworten stets nur näherungsweise und nie vollständig beschrieben. Ein edler Wettstreit um die schöneren (oder richtigeren) Worte ist sinnlos und wirft die Frage auf, zu welchem Zugewinn uns die Erkenntnis verhilft. Die möglichst exakte Beschreibung des Kontextes ist das Ausgestalten eines Narrativs und nette Geschichten sind nicht Ziel der Übung. Das befriedigt die Sehnsucht nach vollständigem Wissen oder erzeugt Steuerungsillusionen. Es wäre fatal, davon irrtümlich Führungsmodelle oder Strategien abzuleiten.

Menschen und Kollektive erleben sich gelegentlich als hilflose Opfer, die dieser Welt nahezu ohnmächtig ausgeliefert sind, anstatt trotz der Widrigkeiten souveräne und handlungsfähige Akteur:innen zu bleiben.

Manche, oft selbsternannte Gurus, drohen diesen Opfern mit VUCA, als sei es ein Gespenst. Sie prophezeien apokalyptische Zeiten, um als Lösung dann meist ein Buch, ein Seminar oder teure Beratung als Allheilmittel und oft banales Patentrezept anzupreisen. Ihr einziger Erfolg besteht darin, nagenden Phänomenen, die viele schon lang beschäftigen, griffige Namen zu geben. So erzeugen sie für ratsuchende Opfer den Nimbus der Retter:in, die angeblich Klarheit im Fühlen, Denken und Handeln vermitteln kann. Deren Antworten auf komplexe oder chaotische Herausforderungen sind mitunter *zu* linear. Lösungsideen, die jeweils auf *eine beliebige* Eigenschaft *allein* abzielen, ohne strukturell etwas zu verändern, bekämpfen Symptome. Manche Gurus ziehen von ihnen *selbst verbogene* Konstrukte der Esoterik, Quantenphysik, Neurobiologie usw. heran und verkomplizieren das Denken, anstatt mehr Einfachheit zu bieten.

Menschen und Kollektive, die auf sich und ihre Kompetenzen vertrauen, brauchen das alles nicht. Sie beobachten aufmerksam ihre **Wahrnehmung** der Umwelt (ohne das immer *exakt* benennen zu können oder gar zu müssen) und die rationale und emotionale **Wirkung** (Freude, Angst, Fatalismus, Weltschmerz, Zorn, Trauer, Handlungsunfähigkeit...). Ihr Fokus liegt allerdings darauf, wie es ihnen dann *trotzdem* möglich wird, **in hochgradig unsicheren Kontexten selbstverantwortet, kompetent und *agiler* zu handeln.**

Prinzipien

Das *Manifest für Agile Softwareentwicklung* zählt von Werten getragene Handlungsmaximen für eine Branche auf. Dahinter stehen die Prinzipien von Agilität. Genauso können Handlungsmaximen für agile Unternehmensführung benannt werden, die die Prinzipien von Agilität realisieren.

Agile Softwareentwicklung unterscheidet sich in bestimmten Eigenarten und Prozessqualitäten von anderen, eher herkömmlichen Formen. Das gilt ebenso für Produktion, Projektmanagement oder Unternehmensführung, bei denen es jeweils verschiedene Prägungen gibt, unter anderem eben auch die agile Form.

Ein Vorgehen kann dann als agil in unserem Sinn bezeichnet werden, wenn es immer wieder folgende Prinzipien im Handeln realisiert:

- Agilität fördert **Selbstorganisation** in einem definierten Rahmen und stellt so einen Möglichkeitsraum her, in dem kreativ und eigenverantwortlich **Mehrwert für Stakeholder** geschaffen wird,
- Agilität denkt **über gewohnte Vorgehensweisen, Hypothesen und Annahmen hinaus** und eröffnet so neue, bisher übersehene Möglichkeiten, mehr **Ergebniszufriedenheit** zu erzeugen,
- Agilität bezieht den **Kontext** und permanente oder spontane **Veränderungen** mit ein und sorgt so für eine Anbindung an die Praxis und das richtige Leben,
- Agilität achtet auf **Menschen** und ihre **Interaktionen** und führt so zu akzeptierten Ergebnissen,
- Agilität fördert kollektive **Selbstreflexion und Lernen** und ist so ein Beitrag zur Nachhaltigkeit.

Damit wir vom Gleichen sprechen, müssen wir die verwendeten Begriffe nach ihrer Semantik beurteilen. So ist etwa *Schnelligkeit* bei Agilität ist nicht zu verwechseln mit Oberflächlichkeit oder Hektik, *Dynamik* ist nicht gleich Chaos. *Selbstorganisation* ist ein Strukturprinzip und nicht Beliebigkeit oder anzustrebendes Ideal ihrer selbst willen. Uneingeschränkte Selbstorganisation ohne das Managen ihrer Rahmenbedingungen wäre Laissez-faire und eher zufällige Willkür.

Um diese Prinzipien im Handeln zu realisieren, dürfen nicht ungeprüft Methoden aus der Welt 3.0 eingesetzt werden, um Probleme in einer Welt 4.0 zu lösen. Das kann zu kurz greifen, ist jedoch keine generelle Verurteilung herkömmlicher Vorgehensweisen. Neben der Frage, was alles neu ist, steht ebenso bedeutend die Frage, was in einer radikal veränderten Welt auch gleichbleibt und vielleicht sogar besser mit gewohnten Methoden bearbeitet werden kann. Methodenkompetenz ist nicht nur das routinierte Anwenden einer Vorgehensweise, sondern zunehmend auch Beurteilungsvermögen auf passgenaue Eignung für die anstehende Aufgabe.

Es bedarf sicher zunehmend hybrider und hoch kommunikativer und reflexiver Methoden, die die gleichzeitige Realisierung mehrerer Prinzipien von Agilität zuverlässig und nachhaltig unterstützen. Agilität nutzt spontane Veränderungen im Prozess als willkommene Anlässe, Mehrwert zu schaffen. Einfachheit, als die Kunst, die Menge nicht getaner Arbeit zu maximieren, ist dabei essenziell. Es ist jedoch ein Trugschluss zu glauben, die Anwendung innovativer Methoden allein führe schon zu Agilität.

Krisenintervention

Krisen sind Sonderfälle. Es sind Situationen, in denen die Existenz des Unternehmens akut gefährdet ist. Das Weiterbestehen des Unternehmens hat dann Vorrang vor allen anderen Interessen. Die Tatsache des Vorliegens einer Krise und das Vorgehen bei dieser Krise sind gegenüber den Mitgliedern erläuterungsbedürftig.

Krisen sind Extremsituationen, in denen nur wenige Aspekte hervorgehoben und bearbeitet werden. Andere müssen temporär zurücktreten. Die Realisierung agiler Prinzipien wird in Handlungen, die dann notwendig sind, nicht immer gelingen. Zugleich verhilft *davor* gut eingeführte Agilität zu kreativen Lösungen. Agilität ist geeignet, potenziellen Krisen vorzubauen. Sie ist generell resiliente Basis, mit spontanen Risiken umzugehen und stellt sich vorbeugend zwei Fragen:

- Wie sollen wir handeln, damit es möglichst nicht zur Krise kommt?
- Wie können wir handlungsfähig bleiben, wenn einmal eine Krise eintritt?

Agilität rührt an den Grundfesten einer Struktur, die während einer Krise in ihrer Existenz gefährdet ist. In einer solch labilen Situation Agilität einzuführen, gleicht russischem Roulette. Disruption bietet zwar die Chance zum Überleben, birgt aber auch das Risiko, die Struktur endgültig zu zerstören. Agilität ist keine sicher funktionierende Notbremse: **Die spontane Einführung von Agilität während einer faktischen Krise ist als unmittelbare Krisenintervention eher ungeeignet**. Das muss besser zuvor erfolgt sein.

Angewandte Agilität

Agilität ist wertebasierte Haltung, die Handlungen generiert. Schon deshalb sind agile Handlungen nichts Absolutes: Schalter ein oder aus. Entweder ganz agil oder gar nicht. Vielmehr gilt:

Angewandte Agilität, die definierte Prinzipien im Handeln realisiert, arbeitet mit dem Komparativ *agiler*.

Der Agilitäts-Schalter (*ein/aus*) wird damit durch einen Schieberegler (*mehr/weniger*) ersetzt. Absolut gesetzte Positive oder Superlative verhindern sinnvolles agiles Handeln im unternehmerischen Umfeld, das immer auch von äußeren und inneren Notwendigkeiten geprägt ist. Damit würde Agilität mehr idealverbrämte Heilslehre als kund:innenorientierte Profession sein. Vielmehr sollen Handlungsoptionen situativ aufeinander bezogen werden. Welche Alternative realisiert in dieser konkreten Situation die agilen Prinzipien eher und mehr?

Die eine Handlungsoption ist unter den gegebenen Bedingungen *agiler* als eine andere Handlungsoption und deshalb wähle ich sie aus.

Es gehört zum Wesen von Agilität, Hypothesen und Annahmen infrage zu stellen. Weiter arbeitet sie konzeptionell unter der Bedingung der Unsicherheit, der Unschärfe, des möglichen Irrtums und Scheiterns. Folglich muss sie sich selbst auch als Potenzial samt Grenzen betrachten und kritisch hinterfragen können. Sie muss von Anfang an die Unschärfe der eigenen Unschärfe gedanklich mitführen und ebenso die Hypothesen im konstruktiven Sinn anzweifeln, die zu ihr selbst als Lösungsidee geführt haben.

Beispielsweise gibt es die unbewiesene Behauptung, mehr Beteiligung führe direkt zu mehr Sinnhaftigkeit und Spaß an der Arbeit und das wiederum automatisch zu mehr Leistung und Erfolg. Diese Annahme erfährt Grenzen, wenn Mitarbeitende sich aus subjektiv gutem Grund nicht mehr als bisher einbringen wollen oder Organe der Mitbestimmung sich auf ritualisierte Rollenmuster zurückziehen. Oder wenn Menschen zwar die Aufgabe reizt, sie aber nicht so sehr am Unternehmen interessiert sind. Sind diese Menschen genial gut in ihrem Metier, möglicherweise sogar die Besten, dann wird deren Einbindung zur besonders herausfordernden Führungsaufgabe. Dann gilt es, diese Menschen zur Erledigung der Aufgabe zu integrieren, ohne von ihnen abhängig oder gar erpressbar zu werden. Es wird besondere Formen der Zusammenarbeit geben, die von sonst üblichen Gebräuchen abweichen und die den anderen Mitarbeitenden deshalb erklärt werden müssen. Auch das sind Bedingungen, die auf ein *agiler* verweisen und absolute Agilität ausschließen.

Agilität findet sich mit einer derzeit einschränkenden Gegebenheit nicht ab, sondern arbeitet kreativ daran, zukünftig *noch agiler* werden zu können. Aus einem *geht nicht* macht sie ein *geht noch nicht* und fragt, wie es trotzdem gehen kann.

Agilität stellt alles, auch sich selbst, und sogar das eigene Zweifeln, infrage. Aus der Erkenntnis, dass es wohl nie einen absoluten Standpunkt geben wird, bezieht sie eine *agilere* Position, um daraus wieder sicher zu handeln und gegebenenfalls richtig zu irren oder sicher zu scheitern, ohne deshalb unterzugehen. Schon deshalb ist *absolute Agilität* ein Paradox.

Der Abschied vom Absoluten und die konzeptionelle Erlaubnis zur Unschärfe bedingen Toleranz als Kompensationsmoment. Toleranz bedeutet nicht Zustimmung, sondern kennzeichnet einen definierten Bereich mit einer unverrückbaren Grenze, in dem Abweichungen gerade noch keine Folgen haben. Schweigen bedeutet Zustimmung und ist keine Form, nicht einmal eine diffuse, mit Toleranz umzugehen. Abweichungen müssen besprochen werden, auch wenn sie folgenlos bleiben. Angewandte Agilität funktioniert nicht ohne Kommunikation.

Um langfristig bestehen zu können, braucht es Nachhaltigkeit. Das ist ein Handeln in der Gegenwart, um eine erwünschte Wirkung in einer Zukunft zu ermöglichen, auf die man heute noch keinen direkten Einfluss nehmen kann. Ob es gegriffen hat, wird man immer erst danach, also in der Zukunft, erkennen. Es gilt also, das Handeln im Hier und Heute so zu gestalten, dass durch die Handlungsergebnisse Voraussetzungen geschaffen werden für zukünftig *agileres* Handeln. Deshalb müssen auch vorhandene Subsysteme wie Qualitätsmanagement oder Controlling betrachtet werden, inwieweit sie *agileres* Handeln unterstützen oder behindern. Dieses Ansinnen ist längerfristig und überdauert einzelne Sprints oder Projekte.

Alle diese Überlegungen zeigen, dass Agilität nicht absolut ist und einfach angeordnet werden kann. Es ist ein immerwährender Prozess im Herstellen eines steady state, ein stetiger Zustand, der fortwährend Aufmerksamkeit, Abwägung und Ressourcen erfordert. Er knüpft am Bisherigen an und sucht nach den Fortsetzungen, die *agiler* sind als andere.

Paradigmenwechsel

Grundannahmen über Führung, Teams und Unternehmen (Kollektive) und damit verknüpfte Wertegefüge müssen sich für alle umso radikaler wandeln, je mehr die Umwelt sich verändert und je *agiler* die Vorgehensweisen werden sollen.

Das betrifft alle Beteiligte, besonders Inhaber:innen, Kontroll- und Aufsichtsgremien (professional ownership), Führungskräfte (professional management) ebenso wie Mitarbeitende (professional coworking) sowie Partner:innen der unternehmerischen Mitbestimmung (professional participation). Es gilt dann zunehmend:

Führung ist Koproduktion und kein Konsumgut, das einseitig von Führungskräften hergestellt und von Mitarbeitenden verbraucht wird, sondern gemeinsames Gestalten von Führen und Folgen. Dabei wird hier passives Geführtwerden von aktivem Folgen unterschieden. Das bedeutet ein Abgebenkönnen der Führungskraft und ein Annehmenkönnen der Mitarbeitenden. Unabhängig davon, wie Führung festgelegt wurde (hierarchisch, demokratisch oder anderweitig) und wer im Moment gerade führt oder folgt, stellen sich zwei gleichwirkliche Fragen:

- Wie führe ich so, dass andere mir gut folgen können?

und

- Wie folge ich so, dass andere mich gut führen können?

Das Kollektiv hat Vorrang vor dem Individuum. Dies bedeutet, dass Menschen bereit und in der Lage sind, zur Gestaltung und zum Erfolg des Kollektivs ab und zu und immer wieder eigene Interessen und Bedürfnisse zurückzustellen und ausdrücklich nicht, sich total zu unterwerfen. Das Kollektiv ist ein Medium, in dem aus Handlungen von autonomen Individuen neuartige Qualitäten entstehen können.

Das heißt aber auch, dass anstelle möglichst hoher Berücksichtigung und Befriedigung individueller Bedürfnisse eine gewisse Frustrations- und Ambiguitätstoleranz tritt. Das muss Führung sich und anderen zumuten. Es ist dies weder eine Aufforderung, möglichst viel Enttäuschung zu erzeugen, noch ist Frustration eine Erlaubnis zu Minderleistung.

Neben **Fähigkeiten** braucht es notwendig auch die **Bereitschaft** aller Akteur:innen, Zusammenarbeit in diesem Sinn und diesen Paradigmen folgend zu gestalten. Fehlen diese und können auch nicht stabil hergestellt werden, dann versagt agile Führung und muss durch klassische Anordnungen kompensiert werden. Damit die Paradigmenwechsel gelingen und nicht beliebig werden, braucht es einen Minimalkonsens aller über Grundwerte beim Führen und Folgen (Führungsethik).

Paradigmenwechsel sind Kulturwandel. Diese gehen stets auch mit Ablehnung, Widerständen und Irritationen einher. Solche fundamentale Veränderungen funktionieren anhaltend nur dann, wenn Transformationen in der **Strategie des Unternehmens** explizit abgebildet, mit erforderlichen Ressourcen versehen, konsequent operationalisiert sowie redlich und solide nachgehalten werden.

Kollektive (Teams und Unternehmen)

Von *außen* betrachtet ist jedes Kollektiv über einen definierten **Daseinszweck** adressierbar. So wird niemand im Elektrogeschäft nach Brezen verlangen. Im Folgenden sprechen wir also von zweckorientierten Strukturen. Der Daseinszweck des Unternehmens und seiner Teilstrukturen kann sein:

- wirtschaftlich (Firma),
- wissenschaftlich, forschend, lehrend, erziehend (Hochschule, Schule, Kindergarten...),
- caritativ (Seniorenheim, Tafel, Einrichtung für Menschen mit besonderer Behinderung...),
- kurativ (Klinik, Therapiepraxis...)
- hoheitlich (Parlament, Gericht, Armee, Gefängnis, Behörde, Feuerwehr...),
- politisch (Partei, Bürgerinitiative...),
- ideell oder sonstiger (Genossenschaft, geistlicher Orden, Berufsverband, Trachtenverein, Sportgemeinschaft, Gewerkschaft...).

Es gibt auch Kombinationen, bei denen im Hinblick auf optimale Handlungsfähigkeit dann das Verhältnis der Zwecke zueinander eindeutig definiert und priorisiert sein muss (private Hochschule mit Gewinnabsicht oder gemeinnützige Stiftung mit angegliedertem Wirtschaftsbetrieb usw.).

Im *Inneren* ist jedes Kollektiv durch seine eigene, einmalige **Kultur** gekennzeichnet, die es jeweils einzigartig und unverwechselbar macht. Auch Kultur ist Emergenz, die aus dem Zusammenspiel der Menschen erwächst. Das kann man nur bedingt planen und keinesfalls anordnen.

Für die Praxis unterscheide ich hier zwei Formen von Kollektiven. Bei sehr kleinen Unternehmen fallen beide Formen zusammen, was Verwechslungen und Vermischungen mit sich führen kann. Es bestehen folgende begriffliche Zusammenhänge:

Die Mitglieder einer *sozialen Gruppe* (als ein dauerhaft existierendes soziales System, vgl. begrifflich Friedhelm Neidhardt) stellen ein Kollektiv in der Form **Team** als gemeinsames Wirklichkeitskonstrukt her und handeln darauf bezogen.

Team steht verallgemeinernd für Arbeitsgruppe, Abteilung, Division, Projektgruppe etc. In unserem Zusammenhang ist es in der Regel ein (fraktaler) Bestandteil eines Unternehmens: Es ist mit einer Mission eines übergeordneten Kollektivs (Unternehmen) markiert, erfüllt also einen unternehmerischen Zweck, der ihm von außen auferlegt wurde. Man spricht hier von Zweck- oder Zwangsgruppen – besonders wenn die Mitglieder keine wirkliche Alternative zur Teilnahme haben. Die Bestimmung des Teams leitet sich nicht allein aus einem Selbstzweck der Teammitglieder ab, wie das etwa bei einer Skatrunde der Fall ist – auch als Neigungsgruppe bezeichnet.

Die Mitglieder einer *Organisation* (als ein dauerhaft existierendes soziales und formales System, das stets mit einem Daseinszweck versehen ist) stellen ein Kollektiv in der Form **Unternehmen** als gemeinsames Wirklichkeitskonstrukt her und handeln darauf bezogen.

Umgangssprachlich werden Organisation und Unternehmen oft gleich verwendet. Das ist im Alltag in Ordnung. In der Theorie jedoch sollten wir sie unterscheiden.

Wortspiele wie *die Organisation der Organisation* (Niklas Luhmann) zeugen zumindest von unterschiedlichen Semantiken, die eher verwirren. Organisation wird dabei mit unterschiedlichen Bedeutungen gebraucht: Etwa im Sinn *die Steuerung und Gestaltung* (= Organisation) des *Unternehmens* (= Organisation). Die hierbei innewohnende Annahme von lenkender Meta-Organisation ist systemtheoretisch nicht eindeutig und weckt Steuerungsillusionen. Äußere Steuerungsimpulse (wie Teamentwicklungen, Umstrukturierungen, Sanktionen oder Bonussysteme) haben in solchen selbstdeterminierten Systemen eher zufälligen und oft nur marginalen Einfluss darauf, wie Akteur:innen ihre Arbeitsbeziehung ausgestalten und welche Emergenzen dabei auftauchen. Das hängt mehr von deren inneren Werten, Fähigkeiten und Bereitschaften ab.

Im Zusammenhang mit der fortschreitenden Digitalisierung wird Organisation gelegentlich als ein *soziotechnisches* System bezeichnet. Von der Wortbedeutung her bedeutet *soziotechnisch* eine Verbindung von Menschen und Technik. Auch wenn Technologien zunehmend das Zusammenspiel der Menschen und unternehmerische Aktivitäten beeinflussen und verändern, fehlt dem Begriff der Verweis auf das Formale im Unternehmen, das aus unserer Sicht nicht unter das Soziale subsumiert werden kann.

Organisation weist vielmehr koexistierende, kooperierende, konkurrierende und gelegentlich konfligierende Subsysteme (wie verschiedene Abteilungen, Standorte, Machtkoalitionen...) mit unterschiedlichen Funktionen (wie Produktion, Vertrieb, Management...) auf, die sich selbstorganisiert konsolidieren und so ein kulturbedingtes Zusammenspiel entwickeln, das nie vollständig erfasst und gesteuert werden kann. Durch die Form des Unternehmens sind dabei auch Abwesenheiten und Zeitunterschiede möglich. (So können mehrere Menschen an verschiedenen Firmenstandorten oder in unterschiedlichen Schichten an gleichen Zielen arbeiten.)

Die für ein Team oder ein Unternehmen typische Struktur entsteht durch das Miteinander, Gegeneinander und Nebeneinanderher seiner Akteur:innen, selbstorganisiert und als nicht eindeutig vorhersagbare Reaktion auf äußeres Zutun.

Dies ist nur eine sehr einfache Erklärung dieser Wechselwirkungen. Auf eine Darstellung der Einbettung des Kollektivs in übergeordnete handlungsprägende Strukturen wie Markt, Wirtschaft, Politik, Rechtswesen, Technologien oder Gesellschaft wird an dieser Stelle verzichtet.

Kollektive Phänomene

Durch die kollektiven Wechselwirkungen entstehen Emergenzen. **Emergenzen** sind neuartige, spontan auftauchende Qualitäten eines Teams, die aus den Eigenschaften und Befähigungen der einzelnen Mitglieder nicht vorhergesagt und nur aus einem Miteinander erklärt werden können.

Die Gruppenforschung kennt solche Emergenzen wie

- Verantwortungsdiffusion (das Phänomen, wenn in Gruppen notwendige Aufgaben zwar erkannt werden, sich keiner aber so recht zuständig fühlt),
- Trittbrettfahren (Nutzen aus dem Team ziehen, ohne dafür entsprechende Gegenleistungen einzubringen), oder
- Risikoverschiebung (Gruppen gehen im Allgemeinen höhere Risiken ein als Einzelpersonen) und viele andere.

Eine weitere Wechselwirkung im Kollektiv ist die Auseinandersetzung um die **soziale Rangordnung**. Ein Wolfsrudel mit beengtem Auslauf, etwa in einem Wildpark oder Zoo, muss auf engstem Raum zusammenleben und sich arrangieren. Im Gegensatz zur freien Wildbahn bilden sich hier Alfa-, Beta- und Omega-Wölfe heraus. Die soziale Hierarchie entsteht ohne Zutun aus der Situation heraus, ohne dass jemand die Wölfe dazu anweist (vgl. Selbstorganisation). Das geschieht ebenso bei Menschen als biologische Wesen, die in Gruppen zusammenarbeiten. Das Phänomen resultiert aus sogenannten Systemprinzipien, die Menschen tief verinnerlicht haben und die meist unbewusst und unbeabsichtigt wirken.

So hört man auf manche Kolleg:in mehr als auf andere und nicht jede:r darf allen alles sagen. Wie eine *Hackordnung* auf dem Hühnerhof.

Damit entstehen auch sogenannte **heimliche Hierarchien**, die immer wieder beobachtet werden:

- Frau vor Mann, oder andere Diversityaspekte wie
- Einheimische:r vor Ausländer:in etc.,
- länger dabei vor kürzer dabei,
- älter vor jünger,
- mehr Fähigkeiten vor weniger Fähigkeiten.

In Phasen der Differenzierung, wenn also um die Rangordnung gerungen wird, ist das Kollektiv eher mit sich selbst und weniger mit seiner Mission beschäftigt. Es gibt Kollektive, die aus einer solchen Differenzierung nicht mehr allein herausfinden, wenn etwa Besprechungen nicht dem Informationsaustausch, der gemeinsamen Planung und Koordinierung dienen, sondern permanent dazu missbraucht werden, zu zeigen, wie toll man selbst ist und wie doof alle anderen.

Weiter benennt Friedhelm Neidhardt innere Gruppenphänomene, mit denen jede Gruppe angemessenen Umgang finden muss, um erfolgreich zu handeln. Er sieht sowohl die Individualität als auch Funktionen und Rollen der Mitglieder, die vom Kollektiv in ein stimmiges Verhältnis gebracht werden müssen.

So beschreibt er ein Problem, das jede Gruppe zu lösen hat: einen *Überschuss an Selbstdarstellung* der Mitglieder. Mit anderen Worten gibt es mehr individuelle Bedürfnisse, sich selbst sichtbar zu machen, als es im funktionalen Rahmen des Kollektivs Raum dafür gibt. Nach Friedhelm Neidhardt gelingt der Gruppe die Lösung auf sozialer Strukturebene in einer Relation aus *Schamgefühl* (als die Verinnerlichung von Schranken der eigenen Selbstdarstellung) und *Taktgefühl* (als folgenlose Absorption von übermäßiger Selbstdarstellung anderer).

Neben dem Bedürfnis nach Selbstdarstellung gibt es umgekehrt auch eine wesensbedingte *Schutzfunktion des Verbergens*, gerade im Berufsleben nicht immer alles von sich selbst preiszugeben: seine Gefühle, Bedürfnisse, Präferenzen, Abneigungen etc. Diese notwendige Schutzfunktion muss unbedingt respektiert und beachtet werden, um Bedrängnis zu vermeiden.

Zuletzt geht es auch um angemessene Anwesenheit von Führung. Wenn sie *zu wenig* präsent und spürbar ist, als es die Situation erfordert, dann ist das Kollektiv irritiert und nur eingeschränkt handlungsfähig. Oft ist das die Stunde der Meinungsmacher:innen, die das Bedürfnis der Kolleg:innen nach ausreichend Orientierung und Klarheit dann auf ihre Lesart kompensieren (und die muss nicht zwingend auf die Mission ausgerichtet sein). Ähnliches gilt, wenn die Führungskraft *zu viel* (mehr als gerade erforderlich) in das Kollektiv hineinwirkt und das Kollektiv mit der Übertreibung zurechtkommen muss. Druck erzeugt Gegendruck.

Innere Kompensationen und Konflikte binden Energie und Aufmerksamkeit, sie reduzieren damit die Arbeitsfähigkeit des Kollektivs. Erst wenn es Teams und Unternehmen gelingt (auch durch geschickten Methodeneinsatz), die Wirkung solcher heimlichen Hierarchien und das permanent Ringen darum deutlich zu reduzieren, sind andere Formen der Zusammenarbeit und verinnerlichtes *agileres* Handeln überhaupt möglich.

Kollektives Handeln

Menschen handeln in Teams und Unternehmen. Kollektive können auch Handlungsergebnisse hervorbringen, zum Beispiel wenn *die Firma ein Produkt liefert* oder *die Mannschaft ein Tor schießt*. Selbstverständlich kann die Firma als Abstrakt keine Produkte liefern oder die Mannschaft kein Tor erzielen. Es steckt immer ein handelnder Mensch dahinter, etwa die Produktmanager:in oder die Mittelstürmer:in. Menschen handeln im Sinn und im Auftrag des Kollektivs und das Ergebnis wird dem Kollektiv (Firma, Mannschaft) und nicht dem einzelnen Menschen zugerechnet.

In Anlehnung an Karl Weick sind **Kollektive gemeinsame Mittel mehrerer Akteur:innen zum Erreichen unterschiedlicher eigener Zwecke**. Er schildert folgende Phänomene, die die Zwiespältigkeit von Kollektiven, zugleich Kooperation und Konflikt zu sein, aufzeigen. Neben rationalen Einflüssen sind sie vor allem durch motivationale Aspekte geprägt:

- Das Kollektiv wird längerfristig bestehen, wenn die Akteur:innen das gemeinsame Ziel (**Kooperation**) entwickeln, das Kollektiv zu erhalten, weil es sich als nützliches Mittel erweist, um damit weiterhin die jeweils eigenen Zwecke zu verfolgen.
- Dabei kann dann Uneinigkeit (**Konflikt**) über Mittel und Wege entstehen, wie dieses Ziel zu erreichen sei.

Menschen handeln situativ für ihre Zwecke und zugleich für den Erhalt des Kollektivs. Solche Konstellationen bringen Gemengelagen individueller und kollektiver Handlungsstrategien hervor: Was sichert meinen Einfluss und meine Interessen und was die des Kollektivs? Das produziert einen durch das Kollektiv geprägten Modus des Handelns, einen sogenannten *state of mind*, in dem man auf bestimmte Kompetenzen zurückgreifen kann und auf andere eben nicht.

Ein *state of mind* ist ein kognitiv-affektiver Erlebens- und Handlungszustand, in dem sich die Struktur befindet und in dem bestimmte Dispositionen zu selbstorganisiertem, kreativem Denken und Handeln möglich sind. Es ist ein Handlungsmodus, in dem bestimmte Handlungsmuster verfügbar sind.

Im Sinn von Jean Piaget entspricht ein *state of mind* einem *besonders wirkmächtigen Schema*. Schemata sind gebündelte Annahmen über sich selbst, über die Realität und über Beziehungen als kognitive Aspekte sowie über Bedürfnisse, Emotionen und Gefühle als affektive Aspekte. Sie werden ohne bewussten Einfluss durch bestimmte Situationen ausgelöst, dienen als Wahrnehmungsschablonen und stellen Handlungsentwürfe zur Verfügung. Serge Sulz stellt fest: *Sobald ein Schema aktiv ist, entstehen immer wieder die gleichen affektiven und kognitiven Reaktionsmuster, und es resultiert immer wieder dasselbe Verhalten*.

Zahlreiche *state of mind* sind vorstellbar, wie etwa berufliche und private, aber auch Zustände der Euphorie, der Verliebtheit, der Resignation oder des Lampenfiebers. Ein beruflicher *state of mind* ist durch mehrere konkurrierende Positionen geprägt.

Menschen setzen gleichwirkliche Handlungsideale in mehr oder weniger stimmige Relation und handeln in einem Kontinuum unterschiedlicher Aspekte

- **individuell** so, wie es ihren eigenen Vorstellungen und Werten entspricht (bis hin zu *willkürlichen Privatprozessen*) oder es von ihnen erwartet wird, zugleich
- **kollektiv** so, wie sie glauben, dass es für ihr Team und auch für ihr Unternehmen gut ist oder von ihnen erwartet wird, zugleich
- **situativ** so, wie es aus ihrer Sicht die Situation erfordert oder zulässt.

Eine Ansammlung exzellenter einzelkämpferischer Fußballspieler ist noch keine hervorragende Mannschaft. Die durch jede Handlung zugleich repräsentierten individuellen Werte und Erwartungen sowie die Werte aus dem Team oder dem Unternehmen sind selten identisch. Vielmehr koexistieren, kooperieren oder konkurrieren diese Werte und Erwartungen, bilden Hierarchien aus und konfligieren gelegentlich. So passiert es immer wieder, dass Unternehmen – bestehend aus mehreren individuellen und kollektiven Akteur:innen – suboptimal arbeiten: Jede Abteilung für sich funktioniert bestens, nur das Unternehmen insgesamt nicht. Oder ein Team bringt mittelmäßige Ergebnisse, obwohl alle Mitglieder ausgezeichnete Fachleute sind.

Trotz der Funktionen Führung und Management, die das kollektive Handeln koordinieren, gehe ich nicht davon aus, dass Teams oder Unternehmen homogene Akteure sind. Das wäre dann der Fall, wenn jegliche Individualität – auch die der Repräsentant:innen von

Führung und Management – eliminiert und vom Daseinszweck des Kollektivs, seiner Mission, absorbiert würde.

In Kollektiven (Teams, Unternehmen) ist Führungshandeln ein wesentlicher Ordnungsparameter. Das bedeutet, Mitarbeitende handeln nach den Vorgaben ihrer Führungskraft, oft auch gegen eigene Überzeugungen oder wider besseres Wissen. Umgekehrt gibt es Erkenntnisse, dass die Geführten das Führungsverhalten der Führungskraft beeinflussen.

Hinter der Torschütz:in und hinter der Produktmanager:in steht ein Kollektiv, das ihnen zuarbeitet und man kann oft nicht exakt sagen, wer genau welchen Beitrag zum Gesamterfolg geleistet hat. Hätte die Einkäufer:in keine Rohstoffe besorgt oder hätte die Produktion keine guten Waren hergestellt, könnte auch kein Produkt ausgeliefert werden.

Neben den einzelnen Tätigkeiten, die sich auf Ergebnisse (wie Produkte oder Tore) beziehen, ist es erforderlich, sich immer wieder untereinander abzusprechen, um das Miteinander zu koordinieren. Es geht um

- **formal** zu regelnde Angelegenheiten wie Prozesse, Abläufe, Termine, Zuständigkeiten, Verteilung von Ressourcen usw., **und auch** um
- **sozial** angemessenen Umgang in der Zusammenarbeit sowie mit den Werten und menschlichen Eigenarten der einzelnen Individuen.

Alle, die an einem Kollektiv teilnehmen, entwickeln eigene Vorstellungen darüber, was das Kollektiv ist, was dessen Daseinszweck, und wie es handeln sollte. Nach Peter Hejl und Heinz Stahl kann man sagen:

Ein Kollektiv ist ein von den Mitgliedern hergestelltes gemeinsames Wirklichkeitskonstrukt, auf das bezogen diese dann tatsächlich handeln.

Damit entstehen Wechselwirkungen zwischen den einzelnen Mitgliedern und dem Kollektiv: Die Produktmanagerin handelt im Namen der Firma. Durch ihr Handeln reproduziert sie das Kollektiv. Das Kollektiv wiederum ist handlungsleitende Voraussetzung für sie, denn die Auslieferung des Produkts erfolgt im Auftrag und nach Vorgaben der Firma. So arbeitet die Produktmanagerin neben dem Ergebnis (Produkt ist bei der Kund:in) an den Voraussetzungen ihres Handelns (Bestätigung der Firmenstruktur).

Das nennt man *selbstreferentielle Zirkel*, die nach Gunther Teubner Emergenzen hervorrufen: Durch das Miteinander im Arbeiten am Ergebnis und an der eigenen Struktur entstehen *neuartige Qualitäten*, die zuvor nicht vorhanden waren und die Besonderheiten eines Kollektivs ausmachen. Kollektive Handlungen sind damit anders als lediglich individuelle Handlungen von Mitgliedern, die dem Kollektiv zugeschrieben werden. Es sind eigenständige Handlungen, die zwar von Mitarbeiter:innen ausgeführt werden, die jedoch nur über das Miteinander im Kollektiv (Emergenzen) erklärt werden können.

Unsere Produktmanagerin ist zudem auch eine begeisterte Fußballerin. Ihre Ergebnisse, hervorragende Produkte zu konzipieren, sind nur über das Kollektiv *Firma* erklärbar, ebenso wie ihre Fußballerfolge nur über das Kollektiv *Damenmannschaft*.

Kompetenzen

Kompetenzen haben stets Bezug zur Situation, in der gehandelt wird, dort entstehen sie und verändern sich. Ganz normale Lernprozesse, alltäglich und unspektakulär. Jedoch nicht zu verwechseln mit fremdorganisertem Faktenwissen wie in der Schule. Es ist ein selbstorganisiertes, *affektlogisches* Lernen (Luc Ciompi), das über Werte und Emotionen verankert wird. So etwas findet nachhaltig am Arbeitsplatz, in realen VUCA-Situationen, im Kollektiv statt und nicht entspannt im Seminarhotel.

Auch wenn Kompetenzen selbst nicht gemanagt oder gelehrt werden können, denn sie entstehen selbstorganisiert, können Situationen als Rahmenbedingungen geschaffen und gemanagt werden, die Kompetenzlernen herausfordern und ermöglichen.

John Erpenbeck stellt dar, wie Kompetenzlernen stattfindet. Voraussetzung ist eine Situation mit folgenden Merkmalen:

- Eine *echte Entscheidungssituation* eines Individuums oder Teams, die mit bisherigem Wissen und Werten nicht beherrscht wird, allgemein also eine VUCA-Situation. Die bisher nützlichen Algorithmen und Routinen der Entscheidungsfindung sind nicht anwendbar.
- Eine tiefgehende *emotional-motivationale Labilisierung* erzeugt. Mit anderen Worten muss die Notwendigkeit zu entscheiden emotionale Betroffenheit erzeugen und Wertegefüge herausfordern

Das beschreibt eine Grenzsituation und genau solche Situationen sind Anlässe, in denen Kompetenzen gedeihen. Kompetenzlernen erfolgt in dieser Situation dann, wenn nach oder während disruptiver Handlungen, die darin erfolgen

- Handlungserfolge bewusst gemacht und gespeichert werden und ein Bezug zu persönlichen Werten und Bedürfnissen sowie der Teamkultur hergestellt wird.
- Handlungserfolge und die dazu führenden individuellen und kollektiven Werte in Kommunikationsprozessen akzeptiert und sozial bestätigt werden.
- Handlungserfolge verallgemeinert und damit auf andere herausfordernde Situationen anwendbar werden.

Wenn also agile Führung das Team in kritischen Situationen zu erfolgreicher disruptiver Handlung veranlasst und dann diese drei Schritte in ihrem Vorgehen sicherstellt, leistet sie Beiträge, dass das Team Kompetenzen erwirbt, festigt und ausbaut. Das bedeutet, Rahmenbedingungen zu schaffen, in denen selbstorganisiertes Kompetenzlernen möglich ist. Möglich – nicht garantiert!

Reine Ausführungsfähigkeit von vorgegebenen Routinen ist keine Kompetenz, sondern nach John Searle lediglich *Kompetenzsimulation*. Beobachter meinen, Kompetenz zu sehen, auch wenn keine vorhanden ist. Die Fähigkeit, eine Regel abzuarbeiten, unterscheidet sich von der Fähigkeit, umfassend zu verstehen, was man da gerade macht. Da Kompetenzen sich im Handeln *zeigen*, gibt es auch ein Beobachterproblem.

Kompetenzbegriff

Menschen handeln in unterschiedlichen Situationen. Meist gelingen Handlungen und führen zum gewünschten Ergebnis, manchmal auch nicht. In etlichen Situationen klappt das Handeln fast wie von selbst, wie beim Fahrradfahren. Ebenso gibt es Situationen, etwa unter Stress, Liebeskummer oder bei Konflikten, in denen souveränes Handeln schwerfällt. Wenn es gelingt, auch in neuartigen, überraschenden und herausfordernden Situationen aus sich heraus lösungsorientiert zu handeln, dann ist das ein Hinweis auf Kompetenzen, über die der handelnde Mensch verfügt. John Erpenbeck, dessen Überlegungen auf der Selbstorganisation aufbauen, zeigt auf, dass Kompetenzen durch *verinnerlichte* Werte (also gelebte, die sich von denen in Leitbildern gelegentlich unterscheiden) getriebene Konstellationen sind aus

- **Fähigkeiten**, die besonders aus Erfahrung und Wissen entstehen, **immer in Kombination** mit
- **Bereitschaften**, die aus Wille und Haltung erwachsen, man kann sehr verkürzt auch Motivation sagen.

Wie schon festgestellt, erfordert *agileres* Handeln Fähigkeiten *und* Bereitschaften, anders gesagt: Kompetenzen.

Darüber hinaus definiert John Erpenbeck:

**Kompetenzen sind Fähigkeiten
zu selbstorganisiertem kreativem Handeln
in neuartigen Situationen.**

Eine Gegenüberstellung, was alles (noch) nicht Kompetenz ist, soll helfen, diese einfach anmutende Definition besser zu erfassen. Dadurch soll eine einseitige Verengung des Kompetenzbegriffs auf zu wenige Faktoren vermieden werden.

Kompetenzen sind	... und (noch) nicht
Fähigkeiten *dazu tragen auch reflektierte und kritisch überprüfte Intuition, Menschenkenntnis und Lebenserfahrung etc. bei*	allein Fachwissen, Fertigkeiten, Routinen oder formale Qualifikationen (Zeugnisse), Verweildauer oder formelle Befugnisse in einer Funktion, Persönlichkeitseigenschaften, ungeprüfte und unreflektierte (vermeintliche) Intuition
zu selbstorganisiertem *selbstverantwortet, selbstgesteuert, selbstgewollt, autonom, ggf. auch mit Selbstüberwindung*	fremdorganisiert, erzwungen, getrieben, hilflos, reflexartig, alternativlos, nachgeahmt, gewohnt, traditionell (schon immer so), vollziehend (rezeptartig stur Methoden oder Vorgaben folgend)
und kreativem ***agiler**, proaktiv, initiativ, disruptiv, zukunfts- und lösungsorientiert, ideenreich, verbessernd, ermöglichend, erfinderisch, relativierend, originell, optimistisch, gestaltend, annehmbar*	reaktiv, problemorientiert, aktionistisch, abweisend, abwertend, ausgrenzend, verschlimmernd, verhindernd, boykottierend, rechtfertigend, anklagend, verteidigend, wirkungslos, ausweichend, vom Thema ablenkend, vermeidend, verharmlosend, tabuisierend, beschönigend. Nullsummen statt Mehrwerte. Lösungsfallen (hervorragende Lösung, zu der leider das Problem nicht passt)

Handeln

einschließlich Denken, Entscheiden und auch situativ stimmigem Nichtstun (Zurückhaltung)

in neuartigen

so zieloffen, mehrdeutig, vielschichtig, volatil, unsicher, komplex (VUCA)

dass persönlich herausfordernd, belastend, emotional labilisierend

Situationen

stimmig, passend, angemessen, adäquat, authentisch, glaubwürdig, rechtzeitig, professionell, rollenkonform

Absichtsbekundungen und Lippenbekenntnisse (Narrative, nette Geschichten), Möglichkeitsformen und Konjunktive (könnte, sollte, müsste, hätte doch eigentlich...), Nichtstun aus Unvermögen, Faulheit oder Feigheit (Unterlassung, Versäumnis), Denk-, Entscheidungs- oder Handlungsunfähigkeit (Paralyse)

so bekannt, geläufig, alltäglich, einfach, banal, trivial, linear (wenn..., dann...)

dass keine Herausforderung von Wissen und Fertigkeiten, bisheriger Wertestruktur und erprobter Handlungsalternativen sowie von Resilienz, Ambiguitäts- und Frustrationstoleranz

ohne wertende Perspektive auf die vorgefundene oder dargebotene Konstellation von Gegebenheiten, Umständen, Sachzwängen, Rollen... in der Umwelt, die zum Handeln anregt

und auch ohne kontinuierliche reflexive Überprüfung der Wirkung des eigenen Handelns **und auch** ohne *Folgebewusstsein* sowie Fähigkeiten zum *richtigen Irrtum* und zum *sicheren Scheitern*

Kompetenzbegriff (Erpenbeck) mit Erläuterungen (Kreuser)

Situations- und Handlungsbezug

John Erpenbeck beschreibt Kompetenzen als Fähigkeiten und nicht als Persönlichkeitseigenschaften. Er bezeichnet es sogar ausdrücklich als falsch, Kompetenzen aus solchen Typisierungen abzuleiten. Das hängt damit zusammen, dass Persönlichkeitsmerkmale den Anspruch auf Allgemeingültigkeit mitführen und damit keinen Situations- und Handlungsbezug aufweisen. Fähigkeiten dagegen werden erst im situativen Handeln manifest. Kompetenzen, als besondere Fähigkeiten, ermöglichen einer Akteur:in, als Individuum mit ihren Werten (und meinetwegen auch mit ihren Persönlichkeitseigenschaften) und aus ihrer Funktion und Rolle heraus, die vorgefundene oder dargebotene Situation und ihre konkrete Handlung in einen stimmigen Bezug zu setzen.

Der Blick auf Kompetenzen (was dein Handeln leitet) anstatt auf Persönlichkeitseigenschaften (wie du bist) vermeidet eher, Menschen in Schubladen von Stereotypen zu stecken und damit *agileres* Handeln ziemlich erfolgreich zu verhindern. Zudem darf ein Unternehmen die Grenze zwischen coachender Kompetenzentwicklung von Funktionsträger:innen und Therapie von autonomen Individuen *niemals* überschreiten.

In Kollektiven gilt das analog für die prototypische Zuschreibung von sogenannten *Teamrollen*. Das sind aus individuellen Präferenzen abgeleitete, stereotypenartige Zuweisungen an handelnde Menschen, die Emergenzen im kollektiven Miteinander in konkreten Situationen schlichtweg ignorieren. Teamrolleninventare, Persönlichkeitstests und Charaktermodelle tragen nicht zu *agilerem* Handeln bei. Sie können sogar kontraproduktive Wirkung haben.

Weiter verwendet Erpenbeck einen weit gefassten Handlungsbegriff, der das *Denkhandeln* einschließt. Er grenzt kreatives Kompetenzhandeln von routineartigem Gewohnheitshandeln ab.

Nichtstun kann entweder Ausdruck von *Handlungsunfähigkeit* (Paralyse) oder aber eine Handlungsform sein. Entweder als reaktive Gewohnheit, in herausfordernden Situationen nichts zu tun (*Unterlassung*, *Versäumnis*), weil man es eben nicht besser weiß, es schon immer so gemacht hat, keine besondere Lust hat, oder sich nicht (zu)traut, anders als bisher zu agieren. Oder es kann als proaktiv-kreative *Zurückhaltung* Kompetenzhandeln sein, um beispielsweise stabilisierend eine Situation nicht weiter zu verändern, sie deeskalierend zu entspannen oder eskalierend zuzuspitzen (beispielsweise nach dem Motto: *Ich würde der anderen zwar gern meine Meinung geigen, sage aber bewusst nichts, damit es nicht noch schlimmer wird. Sonst kommen wir nie zu einem Ergebnis…*).

Handlungen realisieren Werte. *Jede Realisierung ist der Tod der Absicht* (Pius Hütehund). Damit leisten Kompetenzen und Agilität überhaupt aktive Sterbehilfe für Symbiosen nebst ihren Werten, den verdeckten Gewinnen, die am Bisherigen festzuhalten versucht haben. Manche mühselig erarbeitete und sorgfältig gehegte Sümpfe, Komfortzonen oder Biotope werden sichtbar und trockengelegt. Das kann Widerstände erzeugen, Beharrungsenergien und Rückhaltekräfte mobilisieren, ist jedoch *agiler*: Die Disruption und das Hinterfragen bis hin zum Verwerfen *bisher* sinnvoller Hypothesen, um in ein neues Handeln zu kommen, das einer radikal veränderten Situation besser gerecht wird.

Kreativität

Mit der Zuschreibung von *kreativ* an eine Handlung enthält Kompetenz eine positive Konnotation.

Eine Handlung ist in unserem Sinn dann kreativ, wenn es durch das Handlungsresultat mindestens einem Element des beteiligten Systems besser und allen anderen Elementen zumindest nicht schlechter ergeht. Es geht um Mehrwerte, die geschaffen werden, jenseits von Nullsummenspielen.

Sicher kann man sehr kreativ einen Mord planen oder ideenreich Steuern hinterziehen. Im Resultat geht es bei erfolgreicher Ausführung möglicherweise einem Element im System besser. Allerdings gibt es in diesen Fällen auch Elemente (das Opfer, die Allgemeinheit), denen es danach schlechter ergeht.

Mit Kreativität ist ausdrücklich nicht gemeint, dass Kompetenzen stets Gewinner und ausschließlich Friede, Freude und Eierkuchen erzeugen. Klassische Kompromisse sind meist eher banal und noch nicht kreativ. Führung muss beispielsweise auch unliebsame Entscheidungen treffen, Mitarbeitenden Grenzen aufzeigen oder *nein* sagen können. Ergebnisgerechtigkeit im Einzelfall wird selten möglich sein, möglichst hohe Verfahrensgerechtigkeit über alle Einzelfälle hinweg ist dagegen anzustreben. Permanente Trost- und Kompensationsangebote sind ebenfalls banal und noch nicht kreativ.

Zu beobachten ist auch, wozu die Kreativität eingesetzt wird: Zum Erzeugen von Mehrwerten oder zum Rechtfertigen eigener Versäumnisse (nach Odo Marquard: Inkompetenzkompensationskompetenz). Wer will, findet Wege – wer nicht will, sucht Gründe.

Vor jeder Handlung steht eine manchmal bewusste oder meist unbewusste Entscheidung, *so* (und nicht anders) zu handeln. Entscheidungen legen fest und schränken auf eine Alternative ein. Besitzt eine gewählte Alternative zu wenige Handlungsspielräume, dann kann die Lösung von heute schnell das Problem von morgen werden.

Bisher erfolgreiche Handlungsmuster aus der Vergangenheit garantieren noch keine Erfolge in der Gegenwart und Zukunft (Kompetenzfalle: der Irrglaube, *einmal* kompetent sei *immer* kompetent und man müsse nicht weiter an seinen Kompetenzen arbeiten).

Eine zusätzliche Perspektive von kreativ ergibt sich hier aus dem *kybernetischen (ethischen) Imperativ* des Konstruktivisten Heinz von Foerster: *Handle stets so, dass die Anzahl der Wahlmöglichkeiten größer wird!* So gewendet findet kompetenzgetriebenes Handeln diejenigen Handlungsoptionen, die im Handlungsresultat optimal Flexibilität und Nachhaltigkeit ermöglichen. Und genau das will Agilität erreichen.

Im Zusammenhang mit Agilität umfasst Kreativität auch die Fähigkeit zu Disruption, dem Finden radikal neuer Wege und der rückstandslose Abschied von überholten bisherigen Mustern.

Erst eine in diesem Sinn positive Handlungsbilanz rechtfertigt den unternehmerischen Aufwand, sich mit Kompetenzen zu befassen und befördert *agileres* Handeln. Eine Mode allein – weil es chic ist und alle es tun – nicht.

Basiskompetenzen

Alle Menschen verfügen über vier Basiskompetenzen (P, A, F, S). Diese gehen mit verschiedenen Fähigkeiten einher, unterscheiden sich in der individuellen Ausprägung und treten in wechselwirksamen Kombinationen auf. Weiter verändert sich die Relation der Basiskompetenzen je nach Situation. Einzelne Kompetenzen können auch übertrieben eingesetzt werden und führen damit dann zu unstimmigen Handlungen. (John Erpenbeck und Volker Heyse)

Der Übergang von Stärke zu Schwäche ist nicht trennscharf und hängt von der konkreten Situation ab. Dieses Phänomen nenne ich **Kompetenz-Kontinuum**. Es besagt: *Eine Kompetenz wirkt als Stärke, wenn sie im Kontinuum zwischen Mangel (zu wenig) und Übertreibung (zu viel) in sich selbst und auch in Wechselwirkung zu anderen Kompetenzen situativ günstig ausgeprägt ist*. Vertiefen wir diesen Gedanken, dann führt z. B. ein *zu nett sein* einer Führungskraft gegenüber den Mitarbeitenden (übertriebenes S):

- zu Schwächen im Bereich dieser Kompetenz selbst (Mitarbeitende ziehen den Chef immer wieder über den Tisch, das ist *nicht nett, S)* und
- zu Schwächen in anderen Kompetenzen, um nicht *unnett* (böse) zu werden: Etwa zu wenig Durchsetzungsvermögen (was Stillstand erzeugt, A) oder ausbleibende Kritik bei beruflichen Fehlern (was nicht in Ordnung ist, F).

Kompetenz-Kontinuum

Basis-kompetenz	zentrale Fähigkeiten	Handlungsbezug
P personal	kluger und kritischer Umgang mit sich selbst als Individuum, in seiner Rolle, mit seinen Werten und Idealen, zur Selbstwahrnehmung, Selbstreflexion und Rollendistanz	ich (Selbstbezug)
A aktivitäts- und umsetzungsbezogen	initiativ Ziele setzen und realisieren, Entscheidungen klar treffen und verantworten, Aktivitäten beginnen, auch gegen Widerstände durchsetzen und beenden	Zeit Veränderung
F fachlich methodisch	fachlich-inhaltlich methodisch-steuernd mit Expertise diagnostizieren, analysieren, abwägen, planen, durchführen, kontrollieren und beurteilen	Gegenstand Sachverhalt Struktur Prozess
S sozial kommunikativ	mit Rapport kommunizieren, Konflikte lösungsorientiert bearbeiten, Konsens finden, für ein gutes Fortkommen erforderliche Integration, Verständnis und Gemeinsamkeit schaffen	andere Menschen und Kollektive

Individuelle Basiskompetenzen (Kreuser nach Heyse)

Das *Kompetenz-Kontinuum* drückt aus, dass es bei Kompetenzen lediglich relatives *besser* oder *schlechter* gibt und kein absolutes *gut* oder *schlecht*. Je nach Kontext können sie günstiger oder ungünstiger (*zu* viel oder *zu* wenig) ausgeprägt sein. Ferner ist zu betrachten, wie sich Kombinationen von Kompetenzen verhalten. Bei unserem Thema geht es stets darum, dass sie zuletzt Dispositionen für *agileres* Handeln bieten.

Ferner deutet es zwei Lernrichtungen an, eine Verstärkung aus dem Mangel und eine Reduktion aus der Übertreibung. Wenn also eine Kompetenz übertrieben eingesetzt wird und als Schwäche wirkt, kann sie durch Reduktion auf ein günstiges Maß wieder als Stärke wirken.

Die Prinzipien von Agilität legen nahe, dass eben nicht ausschließlich aktivitäts- und umsetzungsorientierte Kompetenzen gefragt sind, wenn man *agiler* werden will. Das würde eher in Aktionismus statt in Agilität führen.

Agilität ist keine milde Verlaufsform von Hyperaktivität.

Vielmehr braucht es einen unternehmensspezifisch günstigen Mix (Metakompetenz) aus allen vier Basiskompetenzen: Agilität ist

P	eine reflektierte, wertebasierte Haltung, die Handlungen generiert,
A	um initiativ, proaktiv und zeitnah, auch trotz auftretender Unwägbarkeiten und Widerstände,
F	mit passenden Methoden verwendbare, qualitätshaltige Ergebnisse,
S	integrativ und unter Abwägung von Akzeptanzkriterien aller Stakeholder herzustellen.

Kollektive Kompetenz

Wenn Akteur:innen in einem kollektiven *state of mind* handeln, kann man – über die individuellen Kompetenzen der Mitglieder hinaus – auch emergierende kollektive Kompetenzen voraussetzen. Das sind neu aufscheinende Qualitäten, die nur über das kollektive Zusammenwirken erklärt werden können und die anders sind als die Zusammenschau der individuellen Kompetenzen der Mitglieder (Das Ganze ist *etwas anderes* als die Summe seiner Einzelteile). So ist es möglich, dass ein Kollektiv auch bei Wechseln von Mitgliedern typische Qualitäten und Kompetenzen beibehalten kann.

Kollektive Kompetenzen sind Fähigkeiten eines Kollektivs (Team, Unternehmen...) zu selbstorganisiertem kreativem Handeln in neuartigen Situationen.

Das Phänomen der *kollektiven Kompetenzen* wird im Zusammenhang mit agilen Unternehmen besonders in Situationen interessant, die VUCA sind (z. B. Konflikte, weitreichende Entscheidungen) und mit starken Emotionen einhergehen. Agile Führung will lösungsorientiertes kollektives Handeln aktivieren. Kollektive sollen selbstorganisiert – aus eigenem Handeln und mit eigenen Kompetenzen – arbeitsfähig bleiben und Ergebnisse erzielen.

Die Grundannahme dabei ist, dass jedes Kollektiv auch Kompetenzen besitzt. In schwierigen, konfliktären oder überraschenden Situationen kann jedoch der Zugang zu diesen Kompetenzen zeitweise verstellt sein. Das Kollektiv ist dann paralysiert (handlungsunfähig) oder reagiert mit unpassendem Gewohnheitshandeln oder folgt nur mehr fremdorganisierten Vorgaben. Selbstorganisiertes kreatives Handeln ist ihm vorübergehend nicht möglich.

Aufgabe von agiler Führung, Beratung und Begleitung ist, dem Kollektiv den Rückgriff auf eigene Kompetenzen wieder zu ermöglichen, diese zu festigen und auszubauen, statt stellvertretend und über das Kollektiv hinweg kompensatorische Ersatzhandlungen vorzunehmen. Diese kollektiven Kompetenzen können nach den Basiskompetenzen (P, A, F, S) unterschieden werden, wobei auch hier auf einen für Agilität günstigen Mix (Metakompetenz) verwiesen sei, der unternehmensspezifisch definiert werden muss.

Die Fähigkeit zur Handlung, die auf das Selbst bezogen ist – bei Individuen die personale Kompetenz – wird beim Kollektiv sinngemäß zur *positionierenden* Kompetenz. Im Umgang des Kollektivs mit sich selbst, seinen Werten und seiner Kultur sind das besonders

- kritische Positionsbestimmung: Einordnung, reflexive Lokalisierung im Umfeld und der eigenen Arbeitsfähigkeit, sich als Kollektiv selbst wahrnehmen und reflektieren (wo stehen wir?),
- kluge Positionssetzung: Platzierung, faktische Verortung im Umfeld, Ziel beim Herstellen der Arbeitsfähigkeit, sich als Kollektiv an eine bestimmte Stelle bringen (wo wollen wir hin?).

Das Prinzip *Agilität fördert Selbstreflexion und Lernen* funktioniert ohne positionierende Kompetenz nicht.

Basis-kompetenz		zentrale Fähigkeiten	Handlungs-bezug
P	positio-nierend	kluger und kritischer Umgang des Kollektivs mit sich selbst, seiner Funktion (Mission), seinen kollektiven Werten, seiner Kultur und zur Selbstwahrnehmung und Selbstreflexion	Wir als Kollektiv (Selbst-bezug)
A	aktivitäts- und um-setzungs-bezogen	initiativ Ziele setzen und realisieren, Entscheidungen klar treffen und verantworten, Aktivitäten beginnen, auch gegen Widerstände durchsetzen und beenden	Zeit Veränderung
F	fachlich metho-disch	fachlich-inhaltlich methodisch-steuernd mit Expertise diagnostizieren, analysieren, abwägen, planen, durchführen, kontrollieren und beurteilen	Gegenstand Sachverhalt Struktur Prozess
S	sozial kommu-nikativ	mit Rapport kommunizieren, Konflikte lösungsorientiert bearbeiten, Konsens finden, für ein gutes Fortkommen erforderliche Integration, Verständnis und Gemeinsamkeit schaffen	andere Menschen und Kollektive

Kollektive Basiskompetenzen nach Kreuser

Ebenso wie individuelle Kompetenzen werden kollektive Kompetenzen über beobachtete und bewertete Handlungen erschlossen, die auf das Kollektiv bezogen werden. Etwa *der Kund:innenservice ist unfreundlich* oder *der Handwerksbetrieb arbeitet sauber und ordentlich*. Gelegentlich finden Differenzierungen zu einzelnen Mitgliedern statt, wie *Die Buchhaltung (Kollektiv) arbeitet distanziert und unprofessionell – nur Herr Löffler (Mitglied) ist immer sorgfältig, freundlich und hilfsbereit*.

Das *Kompetenz-Kontinuum* trifft bei kollektiven Kompetenzen ebenso zu, wie bei individuellen Kompetenzen. Hinzu kommt: Kollektive Handlungen emergieren aus individuellen Handlungen und deshalb sind kollektive Kompetenzen etwas *völlig anderes* als die Summe individueller Kompetenzen. Defizite oder Übertreibungen individueller Kompetenzen werden vom Kollektiv intuitiv kompensiert, können sich verstärken oder konfligieren. Hier zeigt sich einmal mehr die *allgegenwärtige* Selbstorganisation.

Konzeptionelle Ansätze wie Team Resource Management aus der Akutmedizin (auch Crew Resource Management aus der Luftfahrt) streben an, kollektive Kompetenzen so weit zu entwickeln, dass ein Team gerade in kritischen Situationen zum hochgradig homogenen Akteur wird. Die Relationen der Mitglieder sind dabei besonders durch eindeutige Kommunikationen, kollektive Entscheidungsfindung, ständiges Feedback und eine reflektierte Fehlerkultur geprägt. Ziel dabei ist, die individuellen Kompetenzen der Mitglieder so weit zu entwickeln und zu koordinieren, dass sie im Emergieren kollektiver Kompetenzen optimal kooperieren und kaum Konkurrenzen entstehen oder Kompensationen erforderlich sind.

Agilitätskompetenz

Gelegentlich trifft man auf die Definition, Agilität sei die Fähigkeit, sich kontinuierlich an eine komplexe Umwelt anzupassen. Mit der Gleichsetzung von Agilität als derartige Fähigkeit wird sie zum Synonym für Kompetenz, was keinen wirklichen Erkenntnisgewinn mit sich führt. Vom Wortlaut her erscheint *Anpassung* etwas zu reaktiv. Das proaktive Element von Agilität wird nicht ausreichend repräsentiert, wie es etwa bei Kompetenzen der Fall ist.

Zudem wäre bei semantischer Gleichsetzung der Begriff *Agilitätskompetenz* tautologisch. Der sinngleiche Gebrauch von Kompetenz und Agilität führt zu Vermischungen und Verwechslungen, ist also eher verwirrend als nützlich. Hilfreicher erscheint die Unterscheidung:

Kompetenzen sind der Schlüssel zu Agilität.

Kompetenzen sind optimale Voraussetzungen für individuelle und kollektive agile Handlungsstrukturen. Nach dieser Lesart ist Agilität eine Eigenschaft einer handelnden Struktur und Kompetenzen sind deren Fähigkeiten. Agilität ist nicht Fähigkeit oder Kompetenz, also auch keine Schlüssel- oder Teilkompetenz (wie etwa Innovationsfreudigkeit). Sie braucht vielmehr ein Fähigkeitenbündel, eine sogenannte Metakompetenz, genauso wie Führungskompetenz, Diversitykompetenz, Mediationskompetenz und so fort. So kann man feststellen:

Agilitätskompetenz ist ein definiertes Kompetenzbündel, das ermöglicht, *agiler* zu handeln.

Nützlich erscheint daher die Erörterung, welcher Kompetenzen es bedarf (als Fähigkeitenbündel oder Kompetenzmix aus positionierenden/personalen, aktivitäts- und umsetzungsorientierten, fachlich-methodischen und sozial-kommunikativen Kompetenzen), damit eine Struktur *agiler* handeln kann. Die Antwort kann nur generalisiert ausfallen, da einzelne unternehmerische Handlungsstrukturen samt ihren Umwelten zu unterschiedlich sind. Die konkrete Antwort, was Agilitätskompetenz ist, muss jedes Unternehmen für sich finden.

Die für Agilität erforderlichen Kompetenzen zielen auf Handlungen, die ohne Planungs- und Steuerungsillusionen arbeiten. Sie wollen nicht dort steuern, wo Steuerung nicht möglich ist. Vielmehr führen sie Unschärfen und Irrtümer konzeptionell mit. Im Vorgehen sind sie iterativ (sich schrittweise einer Lösung annähernd) und inkrementell (aufeinander aufbauende Zuwächse erzeugend). Unverzichtbare Grundlagen dafür sind Transparenz sowie permanente Überprüfung und Anpassung: Ein innewohnender kollektiver Selbstlernprozess.

Ferner setzt agiles unternehmerisches Handeln neben *Fähigkeiten* auch *Bereitschaften* bei den Beteiligten voraus. Das sind konstituierende Größen für Kompetenz. Damit zeichnet sich jedoch eine Grenze agiler Unternehmen ab. Sie sind nur möglich, wenn Menschen sich auf diese Art zu handeln und zu arbeiten wirklich einlassen.

Grammatik

Gegenteile und Gegenidentitäten

Die Theorie des agilen Unternehmens baut grundlegend auf die Unterscheidung von Gegenteilen und Gegenidentitäten. Diese soll hier zunächst kurz erörtert werden.

Zwei Freunde gelangen auf einer gemeinsamen Wanderung an eine Weggabelung. Sie beginnen immer heftiger zu diskutieren, ob sie den Weg links oder rechts fortsetzen sollen. Freundlicherweise stellen sie uns ihren Streit zur Verfügung, um etwas über Gegenteile und Gegenidentitäten zu lernen. Angemerkt sei, dass es eine Rahmenbedingung für den Streit geben muss, ohne die er nicht möglich oder unsinnig wäre: Einigkeit im Wert, den Weg gemeinsam fortzusetzen. Die kompetenzbasierte Konflikttheorie liefert für die hitzige Debatte der beiden Freunde folgende Erklärung:

In herausfordernden Situationen bestehen starke Tendenzen zu Polarisierungen. Dabei werden einseitige Perspektiven eingenommen: Es werden nur noch die sich ausschließenden Handlungsabsichten (rechts oder links, ich oder du) gesehen. Die Begrenzung entsteht jedoch aus dahinterstehenden Werten und Bedürfnissen. (Ich will links gehen, weil der Weg kürzer ist und du willst recht gehen, weil der Weg sonniger ist.)

Es geht in Wirklichkeit also gar nicht um *links oder rechts*, sondern um *sonnig und kurz*. Neben Gegen*teilen* in den Handlungsabsichten, die sich ausschließen (man kann nicht etwas links und auch etwas rechts gehen), werden gleichwirkliche Gegen*identitäten* in den Werten erkennbar (kurz ist nicht das Gegenteil von sonnig).

Aus einer Perspektive im Streit werden nur noch die Gegen*teile* gesehen, die Handlungsabsichten, die sich ausschließen. Die Werte sind durch sie verdeckt und können nicht mehr gesehen werden. Agile Führung macht den Versuch und die Einladung, eine andere Perspektive der Betrachtung einzunehmen, die dahinterstehende Gegen*identitäten* und ihre Werte wieder sichtbar macht. Ich bezeichne diese als *mediative Perspektive*.

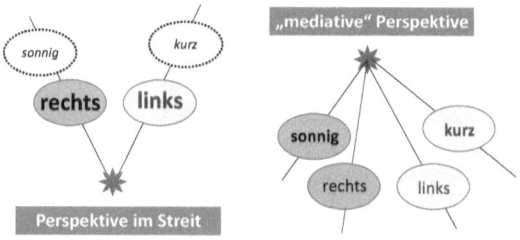

Perspektive im Streit und mediative Perspektive

Mit seiner *Logik der Distinktionen* weist Rodrigo Jokisch auf den Unterschied von Gegen*teilen* und Gegen*identitäten* hin und macht die beiden Distinktionsformen für weitere Überlegungen fruchtbar. Das führt zu einer Perspektive, ohne die Agilität undenkbar wäre:

- Unterscheidung von Gegen*teilen* (dichotom, asymmetrisch, vgl. George Spencer Brown). Unterscheidungen können logisch einwertig (ich und kein anderer; A und kein nicht A) oder logisch zweiwertig (ich, nicht du; A, nicht B) sein. Gerade in schwierigen sozialen Situationen ist logische Einwertigkeit (so nicht!) ohne ein zur Zweiwertigkeit führendes Stattdessen (wie dann?) problematisch.
- Differenz von Gegen*identitäten* (bivalent, symmetrisch, vgl. Gotthard Günther), die logisch immer zweiwertig sind.

Die Differenzen von Gegenidentitäten erzeugen Unschärferelationen (vgl. Werner Heisenberg). Das bedeutet, je genauer man eine Seite darstellen will, desto weniger wird die andere Seite erfassbar. Im Extremfall wird nur noch eine Seite betrachtet und die andere verschwindet vollständig aus dem Blickfeld. In schwierigen (VUCA) Situationen ist die Wahrscheinlichkeit hoch, dass auf beiden Seiten Streitperspektiven bezogen werden, die Einseitigkeiten herstellen. Das ist der Versuch, Gegenidentitäten zu Gegenteilen zu verkürzen.

Theorien, die nur auf Gegenteilen aufbauen (wie etwa die *Theorie sozialer Systeme* von Niklas Luhmann und seine Überlegungen zu Organisation, die ausschließlich auf der Unterscheidung von George Spencer Brown aufbaut und keine Gegenidentitäten kennt), greifen für Humansysteme zu kurz. Reduziert man beispielsweise die Frage nach Unternehmen auf das Formale als *Entschiedenes*, dem das Informelle, als das *(noch) nicht Entschiedene* gegenübergestellt wird oder auf die Form *Entscheidbares/nicht Entscheidbares*, dann bleibt das Denken logisch einwertig. Die gleichwertigen Gegenidentitäten von Formalem und Sozialem würden zu sich ausschließenden Gegenteilen von Formalem und Nichtformalem (Informellem) verkürzt:

- Gegen*teile*: das Formale ist nicht das Informelle;
- Gegen*identitäten*: das Formale ist nicht das Nichtsoziale und das Soziale ist nicht das Nichtformale.

Immer wieder müssen *notwendige Entscheidungen* getroffen werden. Um nicht in Entscheidungslosigkeit, Stillstand und endloses Grübeln zu verfallen, ob wir nun den Weg links oder rechts fortsetzen, müssen Gegenidentitäten hilfsweise in eine Asymmetrie gebracht werden: Die Entscheidung *für* den einen Weg (links; rechts) mit seinem dahinterstehenden Wert (kurz; sonnig), wird damit zugleich die Entscheidung *gegen* den anderen Weg mit seinem dahinterstehenden Wert. Unabhängig davon, wie die Entscheidung zustande kommt, mittels Durchsetzen und Nachgeben zur Konfliktvermeidung oder durch mehr oder weniger tragfähige Aushandlungen und Kompromisse: Wichtiges Moment ist dann zumindest das respektierende Benennen und Würdigen derjenigen Gegenidentität, die *in diesem Fall* unberücksichtigt bleibt, um überhaupt *gemeinsam* weiterzukommen.

Unternehmen entstehen im Zusammentreffen eines Gegen*teils* (Was gehört zum Unternehmen und was gehört zu seiner Umwelt?) mit verschiedenen Gegen*identitäten* (z. B. unterschiedliche Werte der Menschen, die durch unternehmerisches Handeln realisiert werden sollen).

In der Sprechweise der *Logik der Distinktionen* entstehen **Kollektive** (Teams und Unternehmen) im Zusammentreffen:

(a) Einer *generellen Unterscheidung*, was jeweils dazu gehört und was nicht. Ein Unternehmen existiert nur dann, wenn es eindeutig von seiner Umwelt unterschieden werden kann. Diese polarisierenden und abgrenzenden Gegenteile beziehen sich besonders auf die Mission – den Daseinszweck – und alles, was davon abgeleitet wird sowie auf die Eindeutigkeit der Mitgliedschaft.

Diese generelle Unterscheidung definiert den Handlungsrahmen jeden unternehmerischen Tuns und Lassens. Eine Unterscheidung markiert eine Grenze. Je grenzwertiger, je VUCA eine Situation einem Kollektiv erscheint, desto klarer muss die gemeinsame Vorstellung darüber sein, wo genau diese Grenze verläuft.

Liegen mehrere konkurrierende Daseinszwecke vor, dann ist es für mehr und *agilere* Handlungsfähigkeit erforderlich, eindeutige Abgrenzung und Priorisierung herzustellen.

Nehmen wir eine gemeinnützige Stiftung der Behindertenhilfe mit dem Daseinszweck *Menschen ein Leben in Würde ermöglichen*, die eine Werkstatt für Menschen mit Behinderung als angegliederten Wirtschaftsbetrieb betreibt. Diese muss sich durch Aufträge zu einem gewissen Teil selbst tragen, ist also mit einem Daseinszweck *Gewinnerzielung* versehen. Hier muss die Frage grundsätzlich beantwortet sein, in welchen Fällen das Unternehmen bereit ist, wirtschaftliche Nachteile in Kauf zu nehmen, um ein *Leben in Würde* nicht zu gefährden. Anders gewendet: Wo endet die Würde, um die wirtschaftliche Existenz nicht aufs Spiel zu setzen und auch, wie man die Würde wahrend damit umgeht, wenn die Existenzsicherung einmal Vorrang hat. Besteht keine ausreichende Klarheit darüber, dann kann das in Einzelfällen immer wieder zu fehlender Handlungssicherheit führen. Etwa beim Werkstattleiter, der zu entscheiden hat, ob er einen wirtschaftlich lukrativen Auftrag annehmen soll, auch wenn er weiß, dass dies seine Beschäftigten wegen ihrer Behinderung immer wieder überfordern würde.

(b) Einer oder mehreren *situativen Differenzen* zwischen verschiedenen Gesichtspunkten, die als Gegenidentitäten auftreten. Diese tragen konkurrierende Wertekerne in sich und führen letztlich zu *notwendigen Konflikten*, also zu konstitutionellen Auseinandersetzungen um das Dasein des Unternehmens. Dazu gehört unter anderem auch der Diskurs, wie herkömmlich oder wie agil ein Kollektiv handeln soll. Beide Handlungsformen realisieren Werte. Ferner bilden die beiden in sich verwobenen Struktur-Arten eines Kollektivs, die formale Struktur und die soziale Struktur, Gegenidentitäten, die situativ in Bezug gesetzt werden müssen.

Auch **Führung** – unabhängig davon, wie sie zustande kommt und durch wen sie wahrgenommen wird – entsteht im Zusammentreffen von Gegen*teilen* und Gegen*identitäten* und vereint:

(a) Eine *generelle Unterscheidung*, was dazu gehört und was nicht. Das beschreibt die formale unternehmerische Funktion *Management* in ihrer Differenz von Anordnen und Ausführen. Diese Unterscheidung bringt den Daseinszweck des Unternehmens in alle individuelle und kollektive Handlungen ein, die im Namen und im Auftrag des Unternehmens erfolgen.

(b) Eine oder mehrere *situative Differenzen* zwischen verschiedenen Gesichtspunkten, die als Gegenidentitäten auftreten. Diese werden in der sozialen Funktion *Leitung* realisiert, der Relation zwischen Anbieten und Annehmen. Diese Differenzsetzungen bringen letztlich individuelle und kollektive Werte in den unternehmerischen Handlungsprozess ein.

Selbst **Agilität** entsteht in einem unternehmensspezifischen Zusammenkommen von:

(a) Einer *generellen Unterscheidung*, was dazu gehört und was nicht. Das ist letztlich die Entscheidung für die Gültigkeit und Verbindlichkeit von definierten agilen Prinzipien, die Aussagen treffen, was im Handlungsresultat sein soll und was nicht.

(b) Einer oder mehrerer *situativen Differenzen* zwischen verschiedenen Gesichtspunkten, die als Gegenidentitäten auftreten. Diese repräsentieren den teils auferlegten und teils selbst gesetzten Handlungsrahmen des jeweiligen Unternehmens und die dahinterstehenden Werte. Sie geben Antworten auf die Frage, was in konkreten Handlungssituationen jeweils *agiler* ist.

Unternehmen als System

Um abstrakte Sachverhalte – wie das Wesen von Unternehmen, die Funktion von Führung oder die Grundlagen *agilerer* Handlungsweisen – darzustellen und besprechbar zu machen, muss man sich Bildern bedienen (Ludwig Wittgenstein). Abbildungen sind nicht die Wirklichkeit, sondern geben diese aus einer bestimmten Beobachterperspektive wieder. Eine Landkarte ist nicht die Landschaft (Alfred Korzybski). Die Wahl der Perspektive ist subjektiv, wechselt man sie, dann werden andere Bilder möglich.

Jede Beobachterposition besitzt auch ihren blinden Fleck. Es gibt also Sachverhalte, die von dort aus nicht oder nicht deutlich genug betrachtet werden können.

Modelle generalisieren. Sie heben das, was von ihrer Verfasser:in als wesentlich erachtet wird, hervor und lassen das weg, was unwesentlich erscheint. Sie werden damit auch kritisierbar. Mein Fokus bei der *Theorie des agilen Unternehmens* liegt auf der begründeten Darstellung von Handlungsmöglichkeiten und Handlungsoptionen für Führungskräfte.

Theorien sind Standpunkte, die eine Annäherung an einen beobachteten Sachverhalt mithilfe einer in sich schlüssigen und widerspruchsfreien sowie nach außen hin hinreichend begründeten und nachvollziehbaren Denkwelt erlauben. Aus einer Theorie abgeleitete Erkenntnisse, die in der Praxis hilfreich und nützlich sein sollen, dürfen jenseits von Idealismen oder Wunschbildern nicht versagen.

Die Zusammenhänge sind hoch dynamisch, Veränderungen teils spontan und nicht vorhersagbar. Beobachtungen der unternehmerischen Wirklichkeit sind deshalb oft Momentaufnahmen und die Realität stellt sich kurz darauf schon wieder ganz anders dar. Das Modell der Beobachtung muss dieser Dynamik Rechnung tragen.

Ich betrachte Unternehmen in meinen Gedankenspielen hier holistisch (ganzheitlich) als Strukturen von Systemen. Das ist *eine* von mehreren möglichen systemtheoretischen Perspektiven. **Strukturen** repräsentieren die *Elemente*, ihre *Relationen*, die *Grenze* und die *Umwelten* eines Systems.

Die dem Unternehmen immanenten **Subsysteme** (Abteilungen, Teams...) bzw. **Menschen**, ihre formalen und sozialen **Interaktionen** sowie ihre Wechselwirkungen und Sachverhalte, die ihre unverwechselbare **Kultur** bilden, sind die Elemente und ihre Relationen. Phänomene der Identifikation, Zugehörigkeit und Würdigung von Verdiensten für das System emergieren ohne Zutun. In der Ausübung von systembedingten **Funktionen** nehmen Menschen **Rollen** mit den damit verbundenen Erwartungen an.

Die *Elemente* kann und will ich nicht ändern. Dazu sind allein sie selbst in der Lage, wenn sie das in ihrer Autonomie wollen und auch können. Deshalb sind wertende Zuweisungen an Menschen oder Kollektive, wie etwa *Persönlichkeitseigenschaften* oder *Reifegrade*, despektierlich, nutzlos und obendrein unsystemisch. Mir geht es ausschließlich um integrative, situative und intendierte Gestaltung von *Relationen*, um deren Optionen in einem Kontinuum von *besser* und *schlechter*: Wie man beispielsweise anders als bisher *handelt*, unabhängig davon, wie man *ist* (wenn man das je genügend erfassen kann).

Der **Daseinszweck** (die Mission) des Unternehmens markiert die Systemgrenze, die das Unternehmen vom Umfeld abhebt und sichtbar macht (was genau gehört zum Unternehmen, was macht es aus und was eben nicht, wer sind wir und für wen?).

Umwelten von Unternehmen sind deren relevante **Kontexte**. Diese regen die Struktur an (das wird auch *Irritationen* genannt) und versehen das System nach Friedhelm Neidhardt mit Handlungsdruck und Ressourcen. Das sind unter anderem alle Stakeholder, Märkte (Rohstoff-, Absatz-, Arbeitsmarkt), der Wettbewerb, strategische Partnerschaften, die Wirtschaft, das öffentliche Rechts- und Finanzwesen, (z. B. verbindliche Vorgaben wie die Steuergesetze, Normen oder Unfallverhütungsvorschriften), verfügbare Technologien, vorhandene Infrastruktur und generell die Gesellschaft insgesamt mit allem, was dazugehört, ihren Phänomenen, Werten und Entwicklungen. Dazu gehört auch das Image des Unternehmens und wie es in seiner Verantwortung und der Erfüllung gesellschaftlicher Erwartungen wahrgenommen wird.

Eine unternehmerische **Vision** ist ein ausformulierter Idealzustand von Unterschieden, die das Unternehmen im Kontext bewirken will.

Ich will im Folgenden ein Bild entwerfen, ohne unnötig mit vielen und auch verwirrenden systemtheoretischen Begriffen um mich zu werfen. Das überlasse ich gern anderen. Zugleich will ich auf die eine oder andere systemtheoretische Zumutung nicht verzichten, um Zusammenhänge und Hintergründe aufzuzeigen, die mir aus meiner Perspektive wichtig erscheinen.

Selbstorganisation

Selbstorganisation ist ein Strukturprinzip der Systemtheorie und darf nicht mit Beliebigkeit, Willkür oder Laissez-faire verwechselt werden. Für soziologische Insider: Selbst*organisation* ist nicht zu verwechseln mit Selbst*reproduktion* (Autopoiesis), die kaum widerspruchsfrei auf soziale Systeme übertragbar ist.

Im unternehmerischen Zusammenhang ist Selbstorganisation ohne Management der Systemgrenze nicht vorstellbar. Das bedeutet, dass es einen unternehmerisch definierten Rahmen braucht, in dem Menschen dann selbstorganisiert als Kollektiv handeln.

Selbstorganisation kann man gut mit der Synergetik erklären, der Lehre vom Zusammenwirken, die vom Physiker Hermann Haken ursprünglich als Lasertheorie entwickelt, später dann durch ihn selbst von physikalischen auf andere, auch soziale Systeme ausgeweitet wurde.

Die Synergetik ist eine Theorie der Selbstorganisation von gleichgewichtsfernen Systemen. Das sind Systeme, die Energie, Materie oder Informationen mit der Außenwelt austauschen. Humansysteme (Individuen, Kollektive) tauschen wertebasierte Informationen aus.

Äußere Einflüsse regen das System an (von Hermann Haken als Kontrollparameter bezeichnet). Dabei birgt das Einzelverhalten der Bestandteile jeweils eine Option (Die Synergetik nennt das Ordner) für das Gesamtverhalten des Systems. Eine der konkurrierenden Optionen setzt sich dabei durch und konsolidiert das Gesamtverhalten.

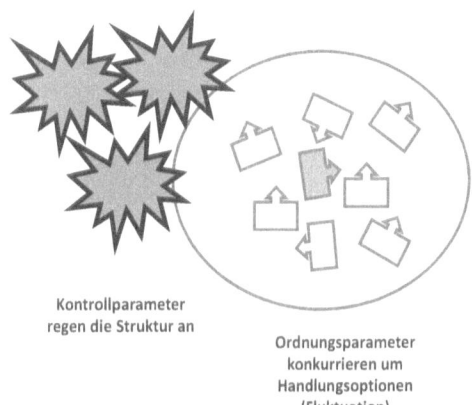

Kontroll- und Ordnungsparameter

An Fisch- oder Vogelschwärmen können wir das Phänomen der Selbstorganisation studieren. Der Schwarm als Ganzes zeigt ein beobachtbares Verhalten, welches sich aus dem Einzelverhalten (Ordnungsparameter) jedes Fisches oder Vogels ergibt. Dabei gibt es keinen Obervogel, der das Einzelverhalten plant und anordnet und kein Fisch weiß, wann und warum sein Verhalten in welchem Ausmaß gerade Ordnungsparameter ist.

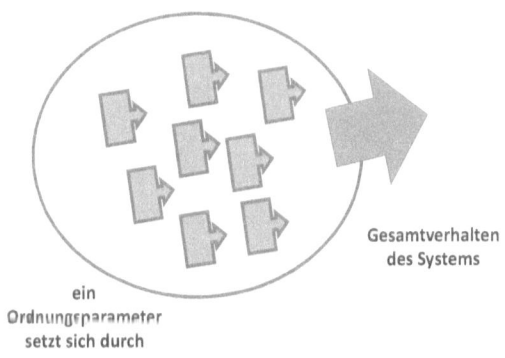

Ein Ordnungsparameter konsolidiert das Gesamtverhalten

Der direkte Vergleich von Unternehmen und Fischschwärmen hinkt jedoch. Die Schwarmintelligenz von Ameisen, Fischen oder Vögeln (das ist eine Variante von Selbstorganisation) unterscheidet sich von der Zusammenarbeit im Unternehmen (einer anderen Form von Selbstorganisation): Menschen besitzen im Gegensatz zu Fischen Bewusstsein, Autonomie sowie Reflexions- und Entscheidungsvermögen.

Die Systemgrenze wird bei Unternehmen im Sinn der Mission, des Daseinszwecks, gemanagt, beim Fischschwarm nicht. Ferner haben Fische keinen Feierabend. Der Schwarm ist für sie der alternativlose und einzige Lebensraum. Eine Arbeitsstelle ist nicht alternativlos (man kann das Unternehmen wechseln) und nur teilweise und temporär Lebensraum eines Menschen. Es gibt Leben außerhalb der Firma...

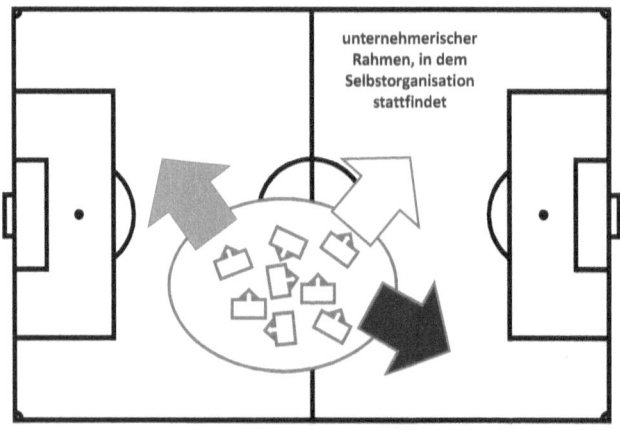

Rahmen unternehmerischer Selbstorganisation

Ein System mit Menschen reagiert generell auf zwei Arten: entweder versucht es, sich irgendwie der Umwelt und der Belastung anzupassen oder es versucht, die Umwelt so zu verändern, dass die Belastung verschwindet.

Fische können nur die erste Art. Wird eine Struktur äußerlich angeregt (Kontrollparameter), weist sie zunächst eine gewisse Robustheit gegenüber Veränderungen in der Umwelt auf. Kontrollparameter können jedoch bewirken (wenn sie einen kritischen Wert erreichen), dass sich die Struktur und damit das Verhalten des Systems spontan verändern (sogenannter Phasenübergang, wobei verschiedene Ordnungsparameter dabei konkurrieren können. Das wird kritische Fluktuation genannt).

Wir erleben kritische Fluktuation manchmal live, wenn wir die zwei Seelen in unserer Brust spüren: Angenommen, Herr Saller bemerkt, dass die Kollegin einen gravierenden Fehler gemacht hat: Soll er sie decken (Kollegialität als Ordnungsparameter) oder das dem Chef berichten (Loyalität als Ordnungsparameter)? Einer der beiden Werte, Kollegialität oder Loyalität, wird sich durchsetzen und sein Handeln bestimmen. Wenn das nicht gelingt, dann verfällt er in endloses Grübeln, was nun richtig sei (moralisches Dilemma). In dieser Zerrissenheit ist er nicht in der Lagen, eindeutig zu handeln, geht lieber Eis essen (Verdrängung, Ersatzhandlung) oder lässt sich auf faule Kompromisse ein, um diesen unangenehmen Zustand einfach nur rasch zu beenden.

Belastungen sind Kontrollparameter, die kritische Fluktuationen hervorrufen, zum Beispiel wenn die Situation als VUCA bewertet wird oder Konflikte auftauchen. Das bisherige Verhalten ist nicht mehr sinnvoll. Eine andere Wertekonstellation (von mehreren möglichen) setzt sich durch und bestimmt als Ordnungsparameter das zukünftige Gesamtverhalten des Systems.

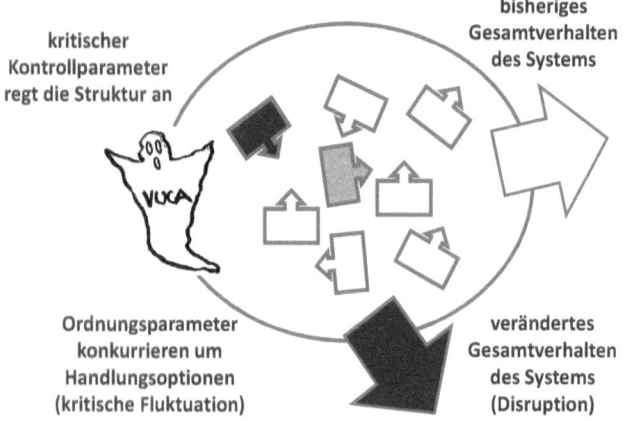

Veränderung von Handlungsstrukturen

Der Kompetenzforscher John Erpenbeck zeigt, dass in Humansystemen Werte als Ordnungsparameter fungieren, die das individuelle und kollektive Handeln bestimmen. Er stützt sich dabei auf eine Definition von Werten nach Pavel Baran als das, *was aus verschiedenen Gründen aus der Wirklichkeit hervorgehoben wird und als wünschenswert und notwendig für den auftritt, der die Wertung vornimmt, sei es ein Individuum, eine Gesellschaftsgruppe oder eine Institution, die einzelne Individuen oder Gruppen repräsentiert.*

Es geht hier nicht um offizielle Werte, wie sie etwa in Unternehmensleitbildern beschrieben werden, sondern um die Werte, die das Handeln von Menschen oder Kollektiven tatsächlich leiten – und da gibt es immer wieder Unterschiede zu den Hochglanzwerten im Leitbild. Ein Leitbild, das nicht gelebt wird, wird leicht zum Feindbild, das dann in der Struktur wirkt.

In Teams und Unternehmen werden Mitglieder je nach sozialer Rangordnung unterschiedlich als Ordnungsparameter wahrgenommen.

Auch Führungshandeln ist ein wesentlicher Ordnungsparameter. Hier besteht ein Übergang zur Fremdorganisation. Mitarbeitende handeln nach den Vorgaben ihrer Führungskraft, teilweise auch wider besseres Wissen oder gegen eigene Überzeugungen. Selbstorganisation ist dann reduziert auf die kreative Auseinandersetzung damit, wie man die Anweisung austricksen kann.

Selbstorganisation ist ein Strukturprinzip und findet immer statt. Wollte man sie verbieten, wird die Struktur *selbstorganisiert* geeigneten Umgang mit dem Verbot suchen oder *selbstorganisiert* Möglichkeiten ergründen, das Verbot zu unterlaufen. Jede individuelle Handlung ist Ordnungsparameter im Kollektiv.

Sollen Agilität und Selbstorganisation im unternehmerischen Sinn und nicht zufällig gelingen, dann geht das nur, wenn mit diesem Phänomen bewusster als bisher umgegangen wird. Dann laden intendierte Steuerungsimpulse als Kontrollparameter die Struktur zu *agilerem* Handeln ein, ohne jeweils eine Erfolgsgarantie zu haben. Dann handeln die Mitglieder aus verinnerlichten Werten als Ordnungsparametern heraus *agiler*. Im Bewusstsein, dass ihr individuelles Handeln das kollektive Handeln mitbestimmt. In der redlichen Absicht, das Ergebnis des Kollektivs und die Koproduktion des Miteinanders positiv zu beeinflussen.

Die kluge und reflektierte Gestaltung eines unternehmerischen Handlungsrahmens soll keine zufällige, sondern eine *eigentümlich zwanglose* (im Sinn von Jürgen Habermas) Selbstorganisation ermöglichen.

Insgesamt ist das auch eine Folge von zirkulären Relationen und Emergenzen: Unternehmerisch gelungene Selbstorganisation braucht loyale Menschen, die wiederum ein loyales Unternehmen erleben müssen, um nachhaltig loyal sein zu können. Loyalität ist ein moralischer Aspekt und bedeutet, auch dann die Interessen des anderen zu vertreten, wenn man ihnen nicht vollumfänglich zustimmen kann, um einen gemeinsamen übergeordneten Wert zu bewahren.

Agile Führung

Führung

Wie oben schon beschrieben, ist bei Führung ein Paradigmenwechsel erforderlich, um Selbstorganisation und *agileres* Handeln nachhaltig zu ermöglichen. Führen findet immer nur dann statt, wenn andere folgen. Erst dann, wenn Führen und Folgen als Koproduktion gestaltet werden, erwächst Führung als ein Medium, in dem Agilität eine Chance hat. Dabei existieren verschiedene Gegenidentitäten, die jeweils eigene Werte repräsentieren. Etwa Formales und Soziales, Macht und Empathie, Hierarchie und Demokratie, Direktive und Entscheidungsspielraum, Fremdorganisation und Selbstorganisation und so fort. Auch hier kann keine Idealform von Führung benannt werden, die automatisch zu Agilität führt.

Hier braucht es ebenfalls unternehmensbezogene Antworten, welche Relation *agiler* ist als andere und die dann realisiert wird. Agile Führung braucht ein klares Führungsverständnis und reflektierte Werte. *Führung ist Haltung, nicht Technik* (Pius Hütehund). Sie erfordert ein optimistisches und zugleich kritisches *mind set* ohne Über- und Untertreibungen. Weder darf das Alte glorifiziert (*früher war alles besser*) und alles Neue pauschal abgewertet werden (*die heutige Jugend*), noch darf umgekehrt alles Innovative kritiklos übernommen und alles Herkömmliche als altbacken diffamiert werden.

Führung ist die Funktion der Struktur, die für deren Arbeitsfähigkeit sorgt. Führende verantworten das zuverlässige Zustandekommen dieser Funktion.

Die Realisierung der Funktion wird mit zunehmender Agilität Aufgabe aller im Kollektiv, unabhängig davon, ob jemand aktuell führt oder folgt. Sie wird nicht an einzelnen, vorab bestimmten Menschen (Vorgesetzte) festgemacht: Führung ist notwendig, Führungskräfte nicht. Es kommt nicht darauf an, ob die Funktion Führung immer von der gleichen Person oder von unterschiedlichen Menschen wechselweise ausgefüllt wird. Es ist ferner unerheblich, wie Führung zustande kommt, durch Bestimmen und Einsetzen (Hierarchie) oder über Konsens im Team (Demokratie). Wichtig ist nur, dass diese Funktion eindeutig wahrgenommen wird, egal ob bei anwesenden oder virtuellen Teams oder temporären Konstellationen in Netzwerken. Einher geht das mit der Einsicht, dass selbst Demokratie eine Herrschaftsform ist, die lediglich anders zustande kommt als die gottgegebene Monarchie eines Sonnenkönigs.

Führung ist das Wahrnehmen der formalen Funktion *Management* und die Verantwortung für die soziale Funktion *Leitung*.

Leitung und Management sind zwei völlig unterschiedliche Welten, die in der Realität zur Struktur des Kollektivs verschmelzen. Probleme müssen in der Welt gelöst werden, in der sie anstehen.

- Leitungsdefizite können nicht durch Management kompensiert werden (Irrtum des Formalen),
- Managementdefizite können nicht durch Leitung kompensiert werden (Irrtum des Sozialen).

Eine Führungsmoral, die nach unserem Verständnis dann auch immer eine Folgemoral ist, erlaubt situativ stimmige Relationen von Leitung und Management.

Verwechslungen oder Vermischungen von Leitung und Management schließt sie dabei aus: Wer managt, übt eine formale Funktion aus und ist deshalb kein besseres Individuum.

Letztlich geht es auch hier um die zentrale Frage, wie Führung so gestaltet werden kann, dass *agileres* Handeln möglich wird. *Wie* also in der vorhandenen Struktur Management umgesetzt, *wie* Leitung gestaltet, und *wie* beide in situativ günstige Relationen gebracht werden. Das ist situations- und unternehmensabhängig. Die damit verbundenen Reflexions- und Denkprozesse können nicht fremdvergeben werden, sondern müssen vom Kollektiv selbst geleistet werden. *Kommunikation* ist keine Führungsaufgabe, sondern unbedingt erforderliches Arbeitsmittel, um die Funktion Führung überhaupt erfüllen zu können.

Führung verantwortet immer die Existenz und die Zukunftsfähigkeit ihres Zuständigkeitsbereichs. Zuletzt konzentriert sich das in den beiden Aufgaben,

- heute einen guten Job zu machen (operatives Tagesgeschäft) und
- dafür zu sorgen, dass dies auch morgen möglich sein wird (strategische Zukunftsplanung).

Dazu forscht Führung immer wieder kritisch, welche Werte, Hypothesen und verdeckten Gewinne das bisherige Handeln geleitet haben und inwiefern diese Grundannahmen und Glaubenssätze Ressource oder Hindernis für disruptive Handlungen sind. Die Frage nach immer noch *agileren* Handlungen ist unabdingbar und es gibt keinen Grund, sie nicht zu stellen.

Management

Management bezieht sich auf die Mission des Unternehmens und betrifft die Mitglieder als Funktions- und Rollenträger:innen. Es ist das Konstrukt einer formalen Struktur und ein innerer Kontrollparameter (Synergetik).

Management ist eine notwendige Funktion von Unternehmen und arbeitet mit der Unterscheidung von *Anordnen und Ausführen*. Es repräsentiert Hierarchie unter Menschen als Funktions- und Rollenträger:innen.

Wer anordnet, ist auch für die Bereitstellung der zum Ausführen mindestens erforderlichen Ressourcen verantwortlich. Zudem muss er den Ausführenden den Rücken freihalten und hinter ihnen stehen, damit diese das, was sie tun sollen, auch tun können. Wer anordnet, muss auch Ergebnisse und Prozesse kontrollieren und bewerten. Kontrolle und Bewertung sind Aufgaben von Management, Vertrauen ist eine Ressource von Leitung. (Und das eine ist nicht gut oder das andere besser, wir sollten nicht Äpfel, Birnen und Kürbisse miteinander vergleichen.) Management ist kein historisches Seminar zur Vergangenheitsbetrachtung. Kontrolle und Bewertung sind gerade beim agilen Führen nicht auf Vergangenheit und Problem, sondern auf Zukunft und Lösung fokussiert sowie auf Fähigkeiten und Bereitschaften, diese besser zu gestalten. Management darf alles kontrollieren und bewerten, was es auch anordnen darf. Und nur das.

Formal gibt es von außen auferlegte Grenzen in der Freiheit des Kollektivs, Führung selbstorganisiert und *agiler* zu gestalten. Das ist zum Beispiel immer dann der Fall, wenn Gesetze, Governance-Richtlinien oder andere verbindliche Normen namentlich benannte verantwortliche Personen fordern oder Verantwortung an bestimmte Funktionsinhaber knüpfen. Management muss auch äußere Auflagen erfüllen und Organisationsversagen oder Organisationsverschulden zuverlässig ausschließen.

Das ist wie bei der Fahrt in den Urlaub. Ich stelle mich gern den Diskussionen mit meiner Familie, wo wir auf der Reise Rast machen sollen, und füge mich bereitwillig der Mehrheit, wenn wir unterwegs etwas besichtigen wollen. Nicht diskutierbar und abstimmungsfähig wäre das Ansinnen meiner Familie, wenn ich eine Einbahnstraße entgegen der erlaubten Richtung befahren sollte. Ich habe noch kein Kriterium gefunden, an dem eine Polizist:in eindeutig erkennen könnte, dass ich eigentlich unschuldig und Opfer familiärer Demokratie geworden bin.

Unabdingbare Ressource von Management ist verliehene, auf die Funktion begrenzte, legitimierte Macht gegenüber Ausführenden – was auch Sanktionen einschließt. Macht ist die Möglichkeit, das Handeln anderer zu beeinflussen (*ich will, dass Sie das so und nicht anders machen*...) und nicht die Möglichkeit, über die Werte anderer zu bestimmen (*...und ich befehle Ihnen, das gern zu tun!*).

Die Legitimität des Machtgebrauchs muss definiert sein und wird durch die Gegenidentitäten Respekt, Vertrauen und Empathie relativiert, man könnte sagen, in Zaum gehalten. Macht wird vom Unternehmen zur Wahrnehmung unternehmerischer Interessen verliehen. Legitimierte Macht ist transparent. Manipulation ist verdeckter Machteinsatz, ist nicht transparent und liegt somit außerhalb jeder Führungsmoral. Der Einsatz legitimierter Macht ist Machtgebrauch, der Einsatz von Macht außerhalb der Legitimation, wie etwa ihre Nutzung zum Erlangen persönlicher Vorteile oder zur Kompensation persönlicher Schwächen, ist Machtmissbrauch.

Will man *agiler* handeln, dann muss der Umgang mit Macht – einschließlich der Eventualität von Sanktionen – und die Relation zu ihren Gegenidentitäten wie Empathie, Respekt und Vertrauen von allen Führenden und Folgenden engagiert diskutiert werden. Macht ist nicht unanständig oder unmoralisch und darf kein Tabuthema sein.

Management definiert und sichert den Rahmen der Selbstorganisation. Das ist auch in Netzwerken mit autonomen Mitgliedern erforderlich. Wenn im Idealfall *Kollektiv* als Koproduktion absolut gelebt wird, verleihen Folgende aus ihrer Autonomie heraus den von ihnen gewählten Führenden temporäre und widerrufbare Macht einschließlich vorab gemeinsam vereinbarter Sanktionen, um gemeinsam definierte Prozesse zu steuern oder zuvor solidarisch getroffene Vereinbarungen einzufordern. Ohne das kann Beliebigkeit eintreten, die ein ziel- und ergebnisorientiertes Kollektiv unmöglich sein lässt. Mit derartiger Willkür nach Art des Hauses entzieht man sich selbst die Grundlage zu *agilerem* Handeln. Die Energie fließt in Diskussionen um die Konstitution, Aufzucht und Hege des Netzwerks. Sie steht für Ergebnisse im Sinn der Mission nicht mehr zur Verfügung.

Leitung

Leitung betrifft die Individuen, die Mitglieder des Kollektivs sind und deren Relationen. Sie ist eine notwendige Funktion eines sozialen Systems, die im Zusammenwirken emergiert, als neuartige Qualität entsteht (vgl. Kapitel Kollektive Phänomene).

Wenn die Arbeitsfähigkeit der sozialen Struktur bedroht ist, müssen Führende Ordnungsparameter des sozialen Systems werden, um die Störung zu bearbeiten (*Konsens* im Sinn von Jürgen Habermas). Wenn das nicht gelingt, müssen sie die Störung in der sozialen Struktur mit formalen Mitteln ruhigstellen (*Beilegung* durch Entscheidung).

Leitung ist eine emergierende Funktion in einer sozialen Struktur und arbeitet mit der Relation von *Anbieten und Annehmen*. Sie repräsentiert Augenhöhe unter Menschen als einzigartige Individuen.

Eine Qualität von Anbieten ist auch die generelle Annehmbarkeit des Angebots. So gehört auch die Reproduktion der Qualitäten dazu, die ein Annehmen erlauben. Anbieten ist nicht Anbiedern. Leitung ist Beitrag zu Motivation, aber Leiten ist nicht Motivieren. Leitung, die so etwas anstrebt wie Mitglieder, die mit wehenden Fahnen und brennenden Fackeln durch das Unternehmen laufen und bei Arbeitsende weinend auseinandergehen, irrt (und zwar gewaltig).

Notwendige Qualitäten von Leitung sind Respekt, Vertrauen und Empathie. Diese Qualitäten realisieren Gleichwertigkeit und Gleichwirklichkeit der Einmaligkeit und Andersartigkeit von Menschen und relativieren Macht. Sie sind asymmetrische Aktiva, die zu symmetrischer Beziehung verhelfen.

Vertrauen setzt *jemandem etwas zutrauen* und *sich vertrauenswürdig erweisen* in Relation. Es bedeutet, sich verletzbar, angreifbar zu machen, in der begründeten Hoffnung (und das ist nicht Blauäugigkeit) auf ein moralisches Gegenüber. Also in der Überzeugung, dass für ein Gegenüber bestimmte Werte und Normen Gültigkeit haben, diese Verletzbarkeit nicht auszunutzen, sich also vertrauenswürdig zu erweisen. Grundlage des Vertrauens können z. B. bisherige Erfahrungen mit einem Menschen, seinen Fähigkeiten, Bereitschaften oder Werten sein.

Empathie ist eine Relation von *Verstehen* und *Verstandenwerden*.

- Syntaktische Empathie ist notwendig. Sie respektiert persönliche Nöte in ihrer Anwesenheit, ohne diese inhaltlich kennen zu wollen oder zu müssen.
- Semantische Empathie ist oft hilfreich und nützlich, jedoch nicht zwingend erforderlich. Sie erkundet persönliche Nöte und dahinterstehende Werte und Bedürfnisse inhaltlich und steht gelegentlich unter Therapieverdacht.

Respekt entsteht in der Relation von *Anerkennung* und *Anerkanntwerden*. Respekt ist keine Form von Macht und Macht einschließlich ihrer Sanktionsmöglichkeiten ist keine Ressource von Leitung. Machteinsatz zu Zwecken von Leitung ist Machtmissbrauch. Leitung ist deshalb nicht ohnmächtig.

Das Prinzip von Agilität, die Individuen und deren Relationen zu betrachten und so zu wirklich akzeptierten Ergebnissen zu führen, verlangt ausdrücklich nach Leitung.

Theorie des agilen Unternehmens

Ein Unternehmen kann man dann als agil bezeichnen, wenn sein Handeln agile Prinzipien realisiert. Somit ist Agilität nichts Statisches, sie *zeigt* sich in der Dynamik. Das Unternehmen besitzt kollektive Kompetenzen, also Fähigkeiten zu selbstorganisiert kreativem Handeln in neuartigen Situationen.

Die Theorie des agilen Unternehmens ist hinreichend holistisch und zeigt auf, wo erste Ansätze zu sinnvollen Interventionen liegen, solche kollektiven Kompetenzen zu entwickeln, um herausfordernde Situationen (VUCA, Arbeitswelt 4.0, Digitalisierung...) mit *agilerem* Handeln disruptiv, anstatt mit althergebrachten Routinen zu bewältigen beziehungsweise ihnen sogar handlungsunfähig gegenüberzustehen.

Die Betriebswirtschaft neigt eher dazu, Unternehmen formal als Organigramm abzubilden, die Sozialwissenschaften sozial als Soziogramm, andere Disziplinen wiederum nochmal anders. Je mehr eine Perspektive einwertig favorisiert wird, desto mehr geraten alle übrigen Aspekte aus dem Fokus oder werden zu störenden Begleiterscheinungen. Grundsätzlich versucht die Theorie des agilen Unternehmens, die Unschärfen im Herstellen des ausreichend gemeinsamen Wirklichkeitskonstrukts zu überwinden. Sie erreicht das durch Zugrundelegung einer Gleichwirklichkeit, eines **Strukturdualismus** von sozialer und formaler Struktur. Das Konzept beabsichtigt, die innewohnende Unschärferelation der Gegenidentitäten von Formalem und Sozialem in Reflexionen und Kommunikationen für *agileres* Handeln fruchtbar zu machen, ohne strukturell einwertig zu werden.

Mit dem Herstellen situativer Relationen zwischen Gegenidentitäten setzt sich die Theorie des agilen Unternehmens über statische Modelle hinweg. Unternehmen kann, ebenso wie Führung oder Agilität, besser mehrwertig und dynamisch als ein Equilibrium, ein permanent herzustellendes Fließgleichgewicht, aufgefasst werden.

Die Theorie des agilen Unternehmens benennt fünf Voraussetzungen für *agileres* Handeln, unter denen kollektive Kompetenzen gut gedeihen. Je *agiler* und selbstorganisierter ein Unternehmen handelt, desto mehr Bedeutung kommt diesen Voraussetzungen zu:

- Abgestimmtes Wirklichkeitskonstrukt
- Arbeitsfähige Strukturen
- Stimmige Kultur
- Individuelle Kompetenzen
- Konsequenzenreiche Reflexivität

Damit wird die eine unternehmerische Aufgabe angesprochen, an der eigenen Struktur zu arbeiten. In dieser Struktur kann dann die andere unternehmerische Aufgabe, Ergebnisse zu erzielen, *agiler* gelöst werden. Die genannten Voraussetzungen für *agileres* Handeln bieten dazu Ansatzpunkte.

Agiles Handeln kann nicht angeordnet oder im herkömmlichen Sinn gemanagt werden, das sind Steuerungsillusionen. Es entsteht selbstorganisiert im kollektiven Handeln immer wieder neu. Man kann jedoch solche Entwicklungen gut anregen und fördern, indem Möglichkeitsräume dafür erzeugt werden. Gelingt es einem Kollektiv nicht, förderliche Entwicklung aus sich heraus zu generieren, dann ist es Führungsaufgabe, dahin gehend Veränderungsimpulse zu setzen.

Abgestimmtes Wirklichkeitskonstrukt

agiler
> *Die Mitglieder haben eine ausreichend gemeinsame Vorstellung über*
> - *das Kollektiv (Team, Unternehmen),*
> - *seinen Daseinszweck (Mission), die Strategien und Ziele sowie*
> - *das direkte Umfeld (übergeordnete Struktur, Markt...) und auch*
> - *das aktuell anstehende Problem mit rationalen (z. B. user story, definition of done) und emotionalen Aspekten (Konflikt, Belastungen...).*

Das abgestimmte Wirklichkeitskonstrukt repräsentiert die konstitutionelle Unterscheidung des Unternehmens (und konkretisiert die Gegenteile: Was gehört dazu und was nicht?).

Hierbei geht es um ein ausreichendes (niemals vollständiges!) gemeinsames Wirklichkeitskonstrukt über rahmengebende kognitive und affektive Voraussetzungen des Handelns. Es ist der minimal erforderliche Konsens über Grenzen, die möglichst eindeutig festlegen, was dazugehört und was nicht.

Anfangsannahme ist, dass das Herstellen eines ausreichend gemeinsamen Wirklichkeitskonstrukts desto unwahrscheinlicher wird, je größer das Unternehmen, je mehr Standorte es hat, je höher der Grad an Arbeitsteilung und Spezialisierung und je mehr Diversität (Alter, Ethnie, Kulturen, Geschlecht, Behinderung, Lebensform, Religion usw.) die Mitglieder einbringen.

Anfangsannahme ist ferner, dass es bei eskalierenden und tiefer verwurzelten Konflikten umso schwieriger wird, gemeinsame Wirklichkeitskonstrukte herzustellen, da Konflikte polarisieren und Sichtweisen einengen. Die Bereitschaft zu Gemeinsamkeit durch Verändern der eigenen Sichtweise schwindet.

Karl Weick beschreibt die Notwendigkeit von zweckorientierten Kollektiven *auf Einigungen darüber, was Wirklichkeit und was Illusion ist* und spricht in diesem Zusammenhang vom *Gültigmachen durch Konsens*. In sozialen Systemen kann nur das gemeinsame Realität werden, was kommuniziert wurde: Das kann dann gezielt einbezogen und bearbeitet werden. Alles Nichtkommunizierte ist dennoch vorhanden. Es wirkt irgendwie im Verborgenen und wird irgendwie zufällig und komisch einbezogen, weil es nur vermeintlich oder gar nicht zum gemeinsamen Realitätskonstrukt gehört. Das gilt nicht nur für **kognitive**, sondern auch für **emotionale Aspekte** im Miteinander als Kollektiv.

Diesem gemeinsamen Wirklichkeitskonstrukt stehen mehrere Unscharfmacher entgegen, die im kollektiven Blick auf Situation, System und Umfeld sowie auf aktuelle Herausforderungen Ungenauigkeiten erzeugen:

- Mensch als Individuum
- Bedeutung des Kollektivs zur Erfüllung eigener Zwecke
- Mensch als Funktions- und Rollenträger:in
- Unschärfen in Rollen und Erwartungen
- Bewertung und Verwendung von Dingen und Sachverhalten
- Vorrang und Unterordnung
- Grad der Mitbestimmung

- Art des Vorgehens, Methodendiskussion
- Betriebliche Aufgabenstellungen und Entlohnungssysteme
- Arbeits- und Organisationsformen
- Bandbreite der Kommunikation
- Mehrdeutigkeiten in der Kommunikation
- Mehrere fraktale Akteur:innen
- Verwendung von Gewinnen
- Erfahrungen aus der Vergangenheit
- Erwartungen an die Zukunft
- Äußere Aspekte von Unternehmen als Firma, Behörde, Hochschule...
- Innere Aspekte von Unternehmen als Kultur
- Aktivitäts- und Veränderungsbezug
- Theorie, die dem Organisationsverständnis zugrunde liegt
- Art und Weise der Reflexion

Unscharfmacher für das Wirklichkeitskonstrukt

1. Nach Rodrigo Jokisch ist der Mensch nie in seiner Gesamtheit erfassbar. Wir erkennen ihn

- äußerlich unterschieden als austauschbare und temporäre **Funktions- und Rollenträger:in**, als Gleiche unter Gleichen und Ungleiche unter Ungleichen,
- innerlich unterschieden als **Individuum**, als welches er einzigartig, einmalig, besonders und unverwechselbar ist. Und niemand ist *besonderer* als andere.

Jeder Mensch beobachtet die Welt also aus zwei Perspektiven: aus seiner **Individualität** heraus sowie aus seiner **Rolle und Funktion** im Team oder im Unternehmen. So entstehen unterschiedliche Sichtweisen auf das Team oder Unternehmen.

Gelegentlich fällt die Unterscheidung auf, wenn ihre Seiten benannt werden: *Ich (als Individuum) würde Ihnen ja gern helfen, aber durch unsere Vorschriften sind mir (als Funktionsträger) da die Hände gebunden.*

2. Das setzt sich fort in den Fragen, wie der Mensch bereit ist, sich an der Kooperation zu beteiligen, das Kollektiv zu erhalten und wie er dabei die Zielkonflikte und das Ringen um Mittel und Wege gestaltet, das zu tun. Das ist die Bedeutung, die der jeweilige Mensch dem Kollektiv zur **Erfüllung eigener Zwecke** beimisst. Wer seine Arbeit nur als Job sieht, um Geld zu verdienen und ihr nichts weiter abgewinnen kann, wird sich anders in das Kollektiv einbringen als ein Mensch mit hohem Berufsethos, dem seine Arbeit auch Sinn vermitteln soll.

3. Für betriebliche Kollektive ist das Konzept der **Rolle** bedeutsam, mit dem sich das Problem sozialer Adressierung optimal lösen lässt. Das hat nichts mit Schauspielerei zu tun. Rollen sind *relativ zeitbeständige Erwartungsbündel*, aus der heraus Kommunikation, Entscheidung und Handlung erfolgen. Damit behaupte ich nicht, dass Rollen menschliches Handeln determinieren. Vielmehr soll das Rollenkonzept auf die Ausübung einer formalen **Funktion** für das Unternehmen verweisen, mit allen zugehörigen Aufgaben, Befugnissen und Verantwortungen und den darauf projizierten Erwartungen. Etwas einfacher ausgedrückt: Wenn jemand die Rolle einer Bilanzbuchhalter:in bekleidet, dann sind damit bestimmte **Erwartungen** verknüpft, die andere an diese Funktion haben (fristgerechte Jahresabschlüsse), aber auch solche, die die Rolleninhaber:in an sich stellt (meine Arbeit ohne Fehler erledigen).

Es bestehen gelegentlich **Unschärfen in den Rollen**, in denen sich die Menschen begegnen, und den daran verknüpften subjektiven **Erwartungen**. Gerade bei Führungskräften, die aus der Mannschaft heraus benannt wurden, besteht anfangs beidseitiger Lernbedarf beim Übergang von einer bisher kollegial symmetrischen in eine zukünftig hierarchisch asymmetrische Beziehung. Das gilt ebenfalls, wenn Führung nicht mehr durch Vorgabe von oben, sondern selbstorganisiert im Team geregelt wird. Bei jeder Interaktion muss beiden Seiten klar sein, ob hier aktuell die Kolleg:in oder die Repräsentant:in von Führung handelt. Das kann und darf sich von Situation zu Situation durchaus verändern. Unschärfen in der Rolle treten auch dann auf, wenn Aufgaben, Befugnisse und Verantwortung nicht eindeutig sind oder ein Mandat zur persönlichen Selbstdarstellung oder Bereicherung missbraucht wird.

4. Besonders, wenn um knappe Mittel gerungen wird (wie in den jährlichen Budget- und Stellenverhandlungen) können unterschiedliche Sichtweisen auf **Bewertung und Verwendung von Dingen und Sachverhalten** als Ressourcen und Restriktionen gemeinsame Wirklichkeitskonstrukte erfolgreich verhindern.

Für Agilität als kreative Handlungsfähigkeit ist es unerheblich, wie das Kollektiv selbst, seine Umwelt (z. B. Märkte) oder die Ausstattung und Verfügbarkeit von dinglichen und ideellen Mitteln objektiv sind, sondern wie die Mitglieder im Handeln subjektiv darauf Bezug nehmen. Strukturrelevant ist, wie sie ihre vorgefundene Situation als Anforderungs- und Handlungswirklichkeit konstruieren und in Relation setzen zu ihren

Möglichkeiten, die sie sehen. Die Fähigkeit zu selbstorganisiert kreativem Handeln ist nicht erst bei guter Ausstattung in bevorzugter Lage vorhanden. Im Gegenteil: Auch ungünstige Bedingungen können kompetente Handlungsdispositionen hervorrufen, diese zu verändern oder zumindest verträglichen Umgang damit zu finden. Das ist die typische Ausgangssituation von Start-Ups: Die Ausstattung, vor allem die finanzielle, ist zu Beginn meist alles andere als rosig. Dennoch reüssieren viele dieser Firmen und manche wachsen extrem schnell.

Die Bewertung eines Dings oder eines Sachverhalts in seiner Verfügbarkeit und Eignung entweder als Ressource, als Restriktion oder als beides zugleich bestimmt die Handlungsabsicht.

Das Handlungsresultat kann erfolgreicher sein, wenn verfügbare Mittel sinnvoll und geschickt eingesetzt oder Mängel an erforderlichen Mitteln gut kompensiert werden. Nicht die pure Anwesenheit, sondern die Art der Verwendung eines Dings oder Sachverhalts in der Handlung kann für das Erreichen des Handlungsresultats (den Erfolg, wer auch immer diesen wie definiert) entweder Ressource, Restriktion oder beides zugleich sein. Ein großes firmeneigenes Gebäude kann Ressource sein, wenn es viele Mitarbeitende im Unternehmen gibt, die Platz für eine Werkbank brauchen. Es ist Restriktion, wenn es nur wenige Mitarbeitende gibt und Leerstände teuer bezahlt werden müssen.

5. Selbst agile Unternehmen sind keine Basisdemokratien und ein gemeinsames Wirklichkeitskonstrukt bedeutet nicht *stets einvernehmlich und mit allen abgestimmt*. Auch hier gibt es legitimen hierarchischen

Vorrang und Unterordnung. Es ist völlig in Ordnung, wenn die Geschäftsführerin wesentliche Teile des Wirklichkeitskonstrukts vorgibt. Sie muss nur darauf achten, dass alle Mitarbeiter:innen es ausreichend gleich verstehen.

Mit Eingehen der formalen Beziehung (Arbeitsvertrag) verzichten Menschen gegen Bezahlung darauf, über bestimmte unternehmerische Aspekte zu entscheiden (**Indifferenzzone** nach Chester Barnard). Das, und auch **Differenzierungen in der sozialen Rangordnung**, kann zu persönlichen Begrenzungen (nach unserer Definition Konflikt: *ich will auch mitreden, aber darf nicht*) und damit zum **Ringen um den Grad der Einflussnahme und Mitbestimmung** führen. Darin manifestieren sich häufig auch unterschiedliche individuelle Vorstellungen über die **gesellschaftliche Funktion des Unternehmens** allgemein.

Besonders in agilen Unternehmen oder eher demokratisch selbstorganisierten Teams braucht es hier eine sorgfältig abgestimmte und präzise festlegende Unterscheidung, was die demokratischen Strukturen wie Soziokratie, Holokratie oder liquid democracy von Basisdemokratie abhebt. Auch in solchen Strukturen gibt es Führung, die jedoch nicht stets durch eine vorgesetzte Person ständig repräsentiert wird, sondern fallweise oder temporär verteilt wird. Prämissen gibt es ebenso, sie kommen lediglich anders zustande.

Das Wirklichkeitskonstrukt erstreckt sich auch über selbstbestimmte Strukturen und deren Zustandekommen. Es muss also jeder Beteiligten ausreichend klar sein, wie die demokratische Selbstbestimmung im Unternehmen funktioniert, was sie darf und wo deren Grenzen sind.

Ferner kann dieses Phänomen Konflikte um die **Art des Vorgehens** und **Methodendiskussionen** hervorrufen: Bearbeiten wir das Projekt innovativ mit Scrum selbstorganisiert und ergebnisoffen oder doch besser herkömmlich mit Lasten- und Pflichtenheft und bisher gebräuchlichem Projektmanagement?

6. Verstärkt werden diese unterschiedlichen Ansichten durch **betriebliche Aufgabenstellungen und Belohnungssysteme,** die relevanten internen oder externen Lieferant:innen oder Kund:innen und die spezifischen Märkte: Ein Vorstand wird am Unternehmenswert gemessen (und entsprechend entlohnt oder abgefunden und gefeuert), er sieht das Unternehmen eher im Kapitalmarkt, in dem es Tausch*objekt* ist. Eine Key Accounterin, die stark über Provisionen gesteuert wird, sieht es eher im Absatzmarkt, in dem das Unternehmen Tausch*partner* ist (Ware gegen Bares). Die angestellte Lageristin, die ein Festgehalt bekommt, will einfach nur ihren Laden in Ordnung halten und hat keine weitere Vorstellung von Märkten, ihr machen eher die Probleme mit dem Wareneingang Sorgen. Die Personalerin hingegen sieht den Arbeitsmarkt als relevant an, die Einkäuferin den Rohstoffmarkt. Hinzu kommt – sobald gehaltswirksame Ziele vereinbart wurden – dass Mitglieder alles tun, um ihre Ziele zu erreichen. Unternehmerisch Sinnvolles außerhalb des Zielkorridors wird dabei gern vernachlässigt.

7. Digitalisierung und neue **Arbeits- und Organisationsformen** erzeugen neue Herausforderungen wie die der eingeschränkten **Bandbreite der Kommunikation** (virtuelle Teams, Telefon- und Videokonferenzen) sowie **Mehrdeutigkeiten** (Projekt- und Matrixstrukturen) in der Zuordnung.

8. Fraktale sind selbstähnliche Objekte. So weisen Teile von Unternehmen, wie Bereiche, Abteilungen oder Arbeitsgruppen, viele Merkmale des Unternehmens auf (Ausrichtung an der Mission usw.).

Handeln Menschen in Kollektiven (Teams), die **fraktale Akteure** in weiteren Kollektiven (Unternehmen) sind, vermehrt das die Ungenauigkeiten im Herstellen eines gemeinsamen Wirklichkeitskonstrukts, auf das bezogen dann gehandelt wird. Die Mitarbeiter:in in einem Team, das zu einer Abteilung des Unternehmens gehört, wird ihr Handeln an allen diesen Kollektiven (mehr oder weniger) orientieren und hat über alle diese Kollektive ihre eigenen Vorstellungen.

9. Unternehmen wird Langfristigkeit unterstellt. Deshalb spielen Gegenwart und auch Zukunft eine maßgebliche Rolle. Handlungen können auf die gegenwärtige Existenz abzielen (heute einen guten Job machen; *exploitation*, Rendite, Ausschüttung von Gewinnen) oder auf die Sicherung zukünftiger Chancen (auch morgen noch dazu in der Lage sein; *exploration*, Transformation, Investition der Gewinne). Das erzeugt unterschiedliche Sichtweisen auf die **Verwendung von Gewinnen**.

10. Erschwerend kommt dazu, dass diese zeitliche Differenzierung zwar in der Gegenwart und mit Bezug zur Zukunft, jedoch stets im Bewusstsein der Vergangenheit erfolgt. In der Gegenwart fallen die **Erfahrungen der Vergangenheit** (als erinnerte bewertete Erlebnisse) und die **Erwartungen an die Zukunft** (bewertet als Hoffnungen und Befürchtungen) zusammen und prägen, weil subjektiv, unterschiedliche Sichtweisen auf das Unternehmen.

11. Ebenso wie ein Mensch kann auch ein Kollektiv nie vollständig beobachtet werden. Obwohl alle vermeintlich vom gleichen Kollektiv sprechen, können ganz unterschiedliche Bilder dazu bestehen, die alle notwendig sind und die Missverständnisse provozieren. Ebenso vielfältig werden der Daseinszweck und die Umwelt (übergeordnete Struktur, Stakeholder...) konstruiert.

◀ *innen*   **Unternehmen**   *außen* ▶

Kultur		Firma	
Werte	**Prämissen**	**Mittel**	**Wirkung**
Sinn-bezug	Formal-bezug	Ressourcen-bezug	Umwelt-bezug
Selbstbewusstsein Handlungssicherheit	Steuerung Effizienz	Daseinssicherheit Effektivität	*Mission* *Attraktivität*

Veränderungs- und Aktivitätsbezug
Adaption, Transformation, Innovation, Schnelligkeit   **Zeit**

Bezugsmöglichkeiten auf Unternehmen

Wird über die eher statischen Gesichtspunkte *Kultur* und *Firma* hinaus über die *Zeit* differenziert, so entsteht zudem ein Bezug auf Veränderung und Umsetzungsorientierung des Kollektivs. Agilität stellt einen starken Zeitbezug zum Unternehmen her, der jedoch nie ausschließlich werden darf. Andere Bezugnahmen verweisen auf andere Qualitäten, die Voraussetzungen für *agileres* Handeln sind.

Manche Beobachter:innen beziehen sich eher auf **äußere Aspekte** des Unternehmens wie Stakeholder, Marktauftritt oder Rechtsform, wo es im Wettbewerb oder vor dem Gesetz Gleiche unter Gleichen bzw. Ungleiche unter Ungleichen ist. Hier geht es besonders um die Unterscheidung des Unternehmens in der Umwelt und um seine Relationen zu Kontextfaktoren.

Firma	
Mittel	Wirkung
Ressourcenbezug	**Umweltbezug**
Ausstattung, Kapital, Gebäude, Maschinen, Technologie, Rohstoffe, Betriebsmittel, Kommunikationsmittel, Standort, Infrastruktur, Informationen, Rechte, Lizenzen, Patente, Rechtsform, Auftragsbestand, Stellen, Arbeitskräfte, Erfahrung, Können, Wissen, Qualifikationen, Potenziale, Talente, Reflexions- und **Führungsvermögen**, **Kompetenzen**...	**Daseinszweck (Mission)**, Selbstdarstellung und **Vision**, Stakeholder-Orientierung, Zufriedenheit, Mehrwert, Nutzen, Qualität, Auftritt, Sichtbarkeit, Image, Marktpositionierung, Monopole, Alleinstellung, Marken, Angebote, Produkte, Lösungen, Waren, Dienstleistungen, Preise, Liefertreue, Zuverlässigkeit, Service, Reaktionszeit, Kulanzen, Arbeitgeber:innenmarke, Sozialleistungen, Netzwerke, Partner:innen, Koalitionen, Promotoren, Verbände, Feindbilder, Legitimität, Legalität, Kreditwürdigkeit, gesellschaftliches Engagement sozial/kulturell/ökologisch...
Endliche, regenerierbare oder generative, materielle oder ideelle Güter, über die verfügt werden kann	

Firma als äußerer Aspekt des Unternehmens

Andere sehen eher **innere Gesichtspunkte** der Kultur, geschriebene Vorgaben (Prämissen) oder gelebte Werte, die das Kollektiv einzigartig und unverwechselbar machen.

Kultur	
Werte **Sinnbezug**	Prämissen **Formalbezug**
gelebte Werte, Rituale, Sitten, Gebräuche, Tabus, soziale Prinzipien und Rangordnungen (Umgang mit Diversität, Zugehörigkeit, Vorrang, Würdigung...), soziale Qualitäten (Vertrauen, Respekt, Empathie...), soziale Störungen (Konflikte...), Bedürfnisse, Belastungen, Emotionen, **Leitung als soziale Emergenz**...	Strategie, Ziele, Programme, Verfahren, Vorschriften, Normen, Gebote, Verbote, Aufbau, Hierarchie, Befugnisse, Sanktionen, Zuständigkeiten, Verantwortung, Abläufe, Prozesse, Aufgaben, Stellen, Arbeitsverträge, Leitbilder, Managementsysteme (Qualitätsmanagement, Controlling...), **Management als formale Funktion**...

Kultur als innerer Aspekt des Unternehmens

12. Schließlich prägt auch die **Theorie**, die dem Denken zugrunde liegt, das Bild vom Unternehmen und die blinden Flecke: Ist es mechanistisch (Kybernetik), ein Ressourcenbündel, ein Geflecht von Verträgen (Institutenökonomie), eher durch ein Organigramm oder ein Soziogramm abbildbar, folgt systemischen Überlegungen oder was auch sonst immer?

13. Zuletzt ist das gemeinsame Wirklichkeitskonstrukt auch eine Frage von **Methoden zur Reflexion** und zum Ableiten von Innovation und Lernen. Diese können einerseits manche Aspekte überbetonen, andererseits auch blinde Flecke hinterlassen.

Diese unterschiedlichen Bezugnahmen machen eine gemeinsame Vorstellung von Team, Unternehmen, Mission, Handlungsstrategien oder aktuellem Problem eher zufällig. Es gibt **Kommunikationsbedarf**.

Ein gemeinsames *Wirklichkeits*konstrukt ist auch ein gemeinsames *Werte*konstrukt. Dennoch ist das meist idealverbrämte Vorhaben Unsinn und *nicht* Bestandteil dieser Übung, die Sehnsüchte oder Ideale der Mitarbeitenden mit den Visionen oder Werten des Unternehmens gleichzuschalten oder sie zu *unternehmerischem* Denken (was auch immer das ist) zu bewegen.

Die Auswirkung eines solchen Ansinnens auf das, was manche **Motivation** nennen, bleibt fraglich. Ob ein Nerd mit seinen genialen Codes die Welt im Sinn der Vision verbessern will, ob er in seine unkonventionelle Art des Programmierens verliebt ist oder ob er einfach nur Kohle braucht, ändert nicht zwingend etwas am Ergebnis seines beruflichen Handelns oder seiner Fähigkeit, sich in ein Team einzubringen.

Man kann auch Überdurchschnittliches leisten, um den geilen Flow zu genießen, um seinen Selbstwert damit zu bestätigen, um Karriere zu machen, um sich oder anderen etwas zu beweisen oder aus vielerlei anderen Gründen als das Unternehmen weiterzubringen oder sich damit mehr als andere zu identifizieren. Vielleicht findet man das auch einfach nur normal, was für andere überdurchschnittlich bedeutet.

Internale oder gar intrinsische Motivation kann man nicht einfach durch externale Einflussnahme herstellen. Muss man auch nicht. Man muss eher einen guten Umgang mit dem Schmerz finden, sich von einer sozialromanischen Vorstellung zu lösen.

Zu dem hier gemeinten *gemeinsamen Wirklichkeitskonstrukt* mit dem Nerd gehören vor allem die Erwartung an sein Ergebnis und an sein Zusammenwirken mit Kolleg:innen oder Kund:innen. Zusätzlich, wenn es zu Störungen kommt und wenn es dann wichtig ist, auch ein absichtsloses und akzeptierendes Verstehen – ohne es deswegen teilen zu müssen – dessen, was den Nerd zu seiner Arbeit antreibt. Ohne Impuls, das irgendwie *korrigieren* zu wollen oder zu müssen.

Der Nerd wiederum muss Mission, Vision, Werte und Spielregeln des Unternehmens so gut kennen, dass er sich nicht irrtümlich oder versehentlich dagegen verhält. Ferner muss er damit leben, dass sein persönlicher Handlungsantrieb, wenn auch verstanden, deshalb nicht von allen anderen geteilt wird. Er sollte nicht anstreben, dass sein Unternehmen in *mitarbeiterisches* Denken (was auch immer das ist) verfällt. Auch hier wird erwartet, dass er das als Tatsachen annimmt, ohne es zu beanstanden oder zu korrigieren. Er weiß längst, dass seine Motivation kein Konsumgut ist, das eine Führungskraft einseitig herstellt und das er einfach nur verbrauchen kann.

Diese kritische Anmerkung ist jedoch kein Appell an Führung, Motivation zu übergehen oder gar Mitarbeitende zu demotivieren. Es geht darum, Motivation als mächtiges Allheilmittel zu entzaubern. Sie ist auch keine Droge, die man Mitarbeitenden verabreicht, damit diese Führungsfehler vergessen (Pius Hütehund). Das, was sie ist oder leisten kann, ist einerseits wichtig und sollte andererseits nicht überbewertet oder mit Steuerungsfantasien belegt werden. Die Sicht der Beteiligten auf *Motivation* prägt das gemeinsame Wirklichkeitskonstrukt.

Arbeitsfähige Strukturen

agiler
Es gibt zugleich arbeitsfähige
- **formale Strukturen und**
- **soziale Strukturen.**

Unternehmen und Teams können von *formalem Mechanismus* einerseits und *sozialer Gemeinschaft* andererseits abgegrenzt werden, auch wenn sie von beidem etwas haben (Rodrigo Jokisch). Kollektive haben stets formale und soziale Strukturen zugleich (Friedhelm Neidhardt). Ganz ohne wird es nie gehen, selbst ein verliebtes Paar muss neben der sozialen Beziehung minimale formale Festlegungen treffen, etwa in der Frage *zu mir oder zu dir?* Sonst findet die Lovestory keine Fortsetzung und bleibt eine Episode. Ebenso bleibt eine rein formale Struktur, wie etwa das Bürokratiemodell von Max Weber, eine theoretische, nicht umsetzbare Idealform.

Eine bekannte Definition von Organisation findet sich bei Alfred Kieser und Peter Walgenbach als *ein soziales Gebilde, das dauerhaft Ziele verfolgt und eine formale Struktur aufweist, mit deren Hilfe versucht wird, die Aktivitäten der Organisationsmitglieder auf die Ziele der Organisation auszurichten*. Die Frage sei erlaubt, was ein soziales *Gebilde* ist und ebenso die Feststellung, dass hier Soziales und Formales nicht als gleichwirklich angesehen werden. Vielmehr ist die formale Struktur ein untergeordnetes Merkmal von *etwas Sozialem*. Ich hingegen betrachte Formales und Soziales als gleichwirklich und nicht über- oder untergeordnet.

Ferner vertrete ich die Auffassung, dass auch soziale Strukturanteile dazu beitragen, Aktivitäten auszurichten. Die beiden Strukturarten sind Gegenidentitäten und nicht ihre Gegenteile.

Das Formale ist nicht das Nichtsoziale und das Soziale ist nicht das Nichtformale.

Sie beeinflussen einander gegenseitig und so ist nicht alles im Unternehmen oder im Team, was formal regelbar wäre, sozial durchsetzbar und nicht alles, was sozial wünschenswert wäre, formal machbar. Obwohl beide Strukturarten untrennbar zu Team oder Unternehmen verwoben sind, können Probleme aus der einen Struktur nicht in der anderen gelöst werden.

Wenn es also keine ordentlich geregelten Prozesse gibt, kann das nicht mit einer Anweisung an die Führungskraft wettgemacht werden: *Da musst du halt einfach deine Leute besser motivieren*. (Irrtum des Sozialen).

Umgekehrt können immer noch ausführlichere Verfahrensanweisungen niemals Emotionen, die bei Konflikten auftauchen, sinnvoll bearbeiten oder regeln. *Ärger ist bei uns verboten und nur montags von 14:00 bis 16:30 Uhr erlaubt...* (Irrtum des Formalen)

Er braucht beide Strukturen und in ihnen spiegelt sich der Mensch als Rollen- und Funktionsträger:in (formal) und als Individuum (psycho-sozial) sowie das Kollektiv als Firma (oder als Team) und in seiner Kultur. Mit beiden Strukturen muss angemessen umgegangen werden.

- **Formal** braucht es vor allem Klarheit über Funktionen, Aufgaben, Befugnisse, Verantwortungen, Prozesse, Grenzen und Sanktionen. Management ist eine Funktion formaler Strukturen, die das liefert. Letztelemente formaler Strukturen sind unternehmerische, juristische usw. Prämissen.
- **Sozial** ist vorrangig respektvoller Umgang mit Individualitäten, Beziehungen und Gruppenphänomenen erforderlich, mit Identifikation, Zugehörigkeit und Würdigung. Gerade dann, wenn es mal nicht so rund läuft (Gesprächs-, Fehler-, Konfliktkultur, Ringen um die soziale Rangordnung...). Leitung ist eine notwendige Emergenz sozialer Strukturen, die das sicherstellt. Letztelemente sozialer Strukturen sind individuelle und kollektive Werte.

Die *Krise* als ein formales Extrem, und der *Notfall* als ein soziales Extrem, sind Sonderfälle, bei denen das Unternehmen bzw. der Mensch temporär bewusst überbetont werden. Das ist nicht der Normalbetrieb, um den es hier geht.

Arbeitsfähig ist eine Struktur dann, wenn sie erlaubt, das Handeln auf unternehmensrelevante Ergebnisse zu konzentrieren anstatt auf strukturbedingte Defizite.

Besteht beispielsweise ein Konflikt, stellt dieser eine Störung der sozialen Struktur dar, um die man sich kümmern muss und die vom Erzielen betrieblicher Ergebnisse ablenkt: Die soziale Struktur ist weniger arbeitsfähig. Die formale Struktur ist weniger arbeitsfähig, wenn etwa widersprüchliche Vorgaben existieren oder notwendige Entscheidungen fehlen. Hier geht es um die grundsätzliche Anwesenheit von arbeitsfähigen formalen und sozialen Strukturen als innere Voraussetzungen für erfolgreiches kollektives Handeln. Besonders bei Peergroups und im Projektmanagement kann die unzureichende Regelung formaler hierarchischer Aspekte immer wieder als systematischer Fehler beobachtet werden.

Stimmige Kultur

agiler *Das Kollektiv stellt situativ immer wieder günstige Relationen zwischen den Gegenidentitäten von Formalem und Sozialem her.*

Die situative Relation formaler und sozialer Strukturanteile (Gegenidentitäten) repräsentiert die konstitutionelle Differenz des Unternehmens als seine Kultur.

Neben der generellen Anwesenheit arbeitsfähiger formaler und sozialer Strukturen geht es darüber hinaus auch darum, je nach Situation angemessene und stimmige Beziehungen zwischen Rollen/Prämissen (formal) und Individuen/Werten (sozial) herzustellen. Das ist von Situation zu Situation neu zu bewerten und zu entscheiden. Kultur ist also kein einmal hergestelltes Fixum, sondern eine Variable in einer bestimmten Bandbreite, die immer wieder, auf die jeweilige Situation bezogen, Stimmigkeit im Handeln herstellen muss.

Da es hierbei um die Struktur des handelnden Systems geht, ist diese Unschärferelation (vgl. Werner Heisenberg) aus Formalem und Sozialem maßgeblich bestimmend (konstitutionell) für das jeweilige Kollektiv: Sie prägt dessen Kultur. Edgar Schein definiert Kultur aus einer Bezugsetzung dieser beiden Strukturformen als *ein Muster gemeinsamer Grundprämissen, das die Gruppe bei der Bewältigung ihrer Probleme externer Anpassung und interner Integration erlernt hat, das sich bewährt hat und somit als bindend gilt; und das daher an neue Mitglieder als rational und emotional korrekter Ansatz für den Umgang mit Problemen weitergegeben wird.*

Das geschieht weitgehend unbewusst. Kultur überdauert einzelne Mitglieder und verlangt von neuen eine Anpassungsleistung.

Kultur wird situativ hergestellt und verändert: Soll ich meiner Mitarbeiter:in ausnahmsweise heute Nachmittag für eine dringende Privatangelegenheit freigeben oder nicht? Formal, nach den Regeln des Unternehmens, geht das so kurzfristig nicht. Sozial, nach zwischenmenschlichen Aspekten, wäre es geboten, denn die Mitarbeiter:in hat in den vergangenen Wochen mehrfach unaufgefordert Mehrarbeit geleistet, um das wichtige Projekt rechtzeitig zu beenden.

Das Unternehmen hat je eine andere Kultur *als rationalen und emotional korrekten Ansatz, der sich bewährt hat und somit als bindend gilt* (nach Edgar Schein), wenn in der Setzung einer formal-sozialen Balance von einer bestehenden Urlaubsregelung

- strikt niemals, oder
- begründet ausnahmsweise, oder
- eigentlich immer abgewichen wird.

Als Komponenten der sozialen Struktur erwähnt Friedhelm Neidhardt besonders Vertrauen und Feedback, denen er als Äquivalente der formalen Struktur Regeln und Sanktionen gegenüberstellt. Diese Gegenidentitäten von Individuum/Funktion bzw. sozialer Struktur/formaler Struktur müssen permanent ausbalanciert werden und führen immer wieder zu Konflikten, die dann stimmig zu bearbeiten sind.

Kultur ist ein Set vorgegebener Routinen. Es wäre unwirtschaftlich und chaotisch, jedes Mal das Rad neu zu erfinden. Routinen reduzieren die Komplexität aus dem Umfeld und im Miteinander. Sie schaffen einschätzbare Standardsituationen, die mit einheitlichen und gewohnten Verfahren bearbeitet werden können. Zugleich gibt es Fälle, in denen bisherige Routinen versagen und ohne Querdenken würde es keine Innovation geben. Es braucht beides: Manchmal die Anpassung des kollektiven Handelns an bisherige Routinen und manchmal Entscheidungen, neue Wege zu gehen. So erscheint die Urlaubsregelung im oberen Beispiel in *dieser* Situation bei *dieser* Mitarbeiter:in nicht sinnvoll und es bedarf einer bewussten Entscheidung der Führungskraft, die Regel weiter zu befolgen oder ausnahmsweise und begründet anders vorzugehen. Und bei der nächsten Mitarbeiter:in, ebenso gut begründet, ausnahmslos auf Einhaltung der Regel zu bestehen. Das erfordert Neinsagen können, Ambiguitätstoleranz und gelungene Kommunikation als Preis der Kulturarbeit.

Auch ein vollständig durch Routinen geregeltes Unternehmen ist vor spontaner Kreativität von Mitarbeiter:innen nicht sicher: Selbst Regeln schützen nicht zuverlässig gegen Kompetenz. Umgekehrt greift das im kollektiven *state of mind* handelnde Teammitglied immer dann zum Routinehandeln,

- wenn es in neuartigen Situationen diese entweder nicht als solche erkennt oder
- über keine individuellen Fähigkeiten und Bereitschaften zu selbstorganisiertem, kreativem Handeln (Kompetenzen) verfügt, oder aber,

- wenn es fremdbestimmt kulturellen Prämissen und Routinen des Unternehmens folgt (sei es aus so verstandenem Pflichtbewusstsein oder sei es, um Sanktionen zu vermeiden oder einen Vorteil zu erhalten, sei es aus voller Überzeugung oder sei es wider besseres Wissen oder gar gegen eigene Grundsätze und Werte).

Kultur ist also eine gelebte und geteilte Grundannahme, was *bei uns guter Brauch und üblich ist*. Abweichungen fallen auf und werden sozial sanktioniert. Das geschieht weitgehend intuitiv. Agilität macht Hypothesen und dahinterstehende Werte bewusst, stellt sie infrage und sucht nach Formen von Kultur, die *agilere* Handlungen erlauben, sowie nach den Kompetenzen, die diese bewirken können.

Kulturmanagement ist Kompetenzmanagement.

Individuelle Kompetenzen

agiler   *Die Mitglieder haben ausreichend individuelle Kompetenzen und können diese zur Anwendung bringen.*

Da immer einzelne Mitglieder handeln – wenn auch im Namen des Kollektivs – brauchen diese genügend Kompetenzen, um Aufgaben zu erledigen und an einer arbeitsfähigen Struktur mitzuwirken (unabhängig davon, ob diese Struktur eher hierarchisch oder eher demokratisch geartet ist).

Umgekehrt müssen sie das Kollektiv als einen Möglichkeitsraum erleben, in dem sie ihre individuellen Kompetenzen zur Entfaltung bringen, indem sie selbstorganisiert und kreativ handeln können, dürfen und müssen. Neben individuellen motivationalen Effekten geht es dabei für das Unternehmen vor allem um die Möglichkeit eines Kompetenzpotenzials, das umso wichtiger wird, je mehr neuartige, überraschende, herausfordernde Situationen erwartet werden, die mit bisherigen Vorgaben nicht beherrscht werden.

Über Wille und Werte, die Kompetenzen ausmachen, spiegelt sich auch die **persönliche Verantwortung** für das individuelle Handeln (als eigenes Tun und Unterlassen, auch wenn es im Namen des Unternehmens erfolgt oder so angeordnet wurde), für alle Folgen davon sowie die Wahl der *agileren* Handlungsoption. Selbstorganisation geht mit Selbstverantwortung und manchmal mit Selbstüberwindung einher.

Besonders deutlich wird die Frage nach individuellen Kompetenzen bei der Einstellung neuer Mitarbeiter:innen: Neben die Frage, ob *die Bewerber:in zu uns passt* (Anpassung), sollte die Überlegung treten, *ob sie uns auch als Team/Unternehmen weiterbringt* (Innovation).

Fehlt diese zweite Frage gleichwirklich, dann ist die Gefahr des *self-cloning* immanent und man beraubt sich notwendigen Querdenkens für zukünftige Entwicklungen in sich ständig verändernden Umwelten.

Die formale Mitgliedschaft zum Unternehmen ist eindeutig (als dichotome, asymmetrische Unterscheidung) geregelt. Der Übergang einer Bewerber:in (gehört nicht dazu) zur Mitarbeiter:in (gehört dazu) ist eine Redefinition der Grenze des Unternehmens durch die Organisation.

Mitglieder sind Menschen, die eindeutig dazugehören und zugleich Umfeld sind. Sie sind Teilnehmende am Arbeitsmarkt, die das Unternehmen als Tauschpartner (definierte Arbeit gegen definiertes Gehalt, manche verwechseln das mit bezahlter Anwesenheit) im Wettbewerb zu anderen Arbeitgebern beobachten und notfalls auch das Unternehmen wechseln.

Unternehmen sind bestrebt, Potenziale und Talente zu gewinnen und an sich zu binden. *Retention Management* ist die Anstrengung, dass kompetente Mitglieder gern bleiben und nicht nur mangels Alternative. *Arbeitgebermarke* fasst Bemühungen zusammen, das Unternehmen als attraktiv im Arbeitsmarkt darzustellen.

Welche Schlüsselkompetenzen allgemein für Agilität maßgeblich werden, kann nur sehr generalisiert beantwortet werden. Dazu sind Unternehmen in ihrem jeweiligen Umfeld und mit ihren jeweiligen Möglichkeiten und Restriktionen zu unterschiedlich.

Es kommt immer darauf an, wie Agilität konkret gestaltet wird. Wenn die Tätigkeit innovative Arbeitsformen wie Tele-Arbeit oder virtuelle Teams zulässt, dann sind sicher auch vermehrt personale Kompetenzen der Selbststeuerung erforderlich. Prägt Digitalisierung die Arbeit besonders, dann braucht es fachliche Kompetenzen, die Technik zu beherrschen, bei Big Data Beurteilungsvermögen, um aus überbordenden Informationen die relevanten Quellen zu ermitteln, oder kommunikative Kompetenzen, über neue Medien verständlich und empathisch zu kommunizieren. Nicht IT *oder* Empathie ist dann das Problem, sondern IT *und* Empathie.

Wird zunehmend in wechselnden, teilweise auch virtuellen Teams und in Netzwerken gearbeitet, brauchen Führende wie Folgende andere Kompetenzen als auf einer Intensivstation im Krankenhaus mit Schichtdiensten, die keine Gleitzeit oder Heimarbeit erlauben. Auch hier sind Unternehmen gefordert, die für alle Mitarbeitenden zukünftig unverzichtbaren Schlüsselkompetenzen zu identifizieren und zu stärken, die eine erfolgreiche Koproduktion von Kollektiv ermöglichen.

Heute bestimmen Menschen mit 60 Strategien, die von Menschen mit 40 an Menschen mit 20 umgesetzt werden. Agilität zeigt sich hier auch im Vermögen – den Fähigkeiten und Bereitschaften, sprich Kompetenzen – der Menschen mit 60, sich eine neuartige Welt von Menschen mit 20 erklären zu lassen (etwa, wie das mit diesen *Neuen Medien* funktioniert). Sie zeigt sich ferner in Kompetenzen, unternehmerische Zukunft mit jüngeren Generationen zu gestalten und nicht nur vermeintlich für sie oder gar an ihnen vorbei. Jüngere dagegen brauchen Kompetenzen, sich in solche Prozesse proaktiv und kreativ einzubringen.

Zuletzt brauchen besonders Strategen und Verantwortliche Kompetenzen, um Menschen in *agilere* Handlungsstrukturen zu führen und darin selbstorganisiert handeln zu lassen. Ebenso wie die operativ tätigen Menschen Kompetenzen benötigen, sich darauf einlassen zu können und zu wollen.

Alle diese Überlegungen verweisen auf ein umfassendes Innovations- und Kompetenzmanagement, um wichtige Voraussetzungen für kollektive Kompetenzen und agiles Handeln nachhaltig zu steuern.

Konsequenzenreiche Reflexivität

agiler   **Das Kollektiv entwickelt sich nachhaltig und regelmäßig durch konsequenzenreiche Reflexivität.**

Hierbei geht es um den klugen und kritischen Umgang des Kollektivs mit sich selbst, um die positionierende Kompetenz (P). Das erfolgt durch Selbstbeobachtung und Selbstkritik, Fremdbeobachtung sowie Veränderung durch Innovation und Lernen. Förderlich sind dabei:

- Offenheit für spontane und strukturierte Gelegenheiten des *Feedbacks*,
- *Frustrationstoleranz*, das ist die Fähigkeit, mit Enttäuschungen umzugehen,
- *Ambiguitätstoleranz*, die Fähigkeit, Widersprüche – auch gegen den Schein ihrer Auflösung (Odo Marquard) – sowie temporäre Lösungslosigkeit auszuhalten. Immanent ist die Gefahr der *Lösungsfalle*: eine wunderbar entlastende Lösung, zu der leider das Problem nicht passt oder eine helfende Lösung heute, die das Problem von morgen wird,
- Begreifen von *Kritikern* und konstruktiven Querdenkern (im alten, also ausschließlich positiven Sinn) als Ressourcen. Man kann Kritik aus zwei Gründen üben, aus Ablehnung, weil man sich an etwas stört, oder aus Loyalität, weil man zu Verbesserungen anregen will. Hier kommt es oft zu Verwechslungen und loyale Kritiker werden vorschnell zu Gegnern gemacht, was diese dann stört.

Reflexivität fragt in allen Dimensionen konsequent nach der *agileren* Handlungsalternative und erzeugt eine kritische Distanz zu:

- Prämissen und Werten, die das Kollektiv leiten, (*Welche unternehmerischen/formalen Regeln, welche sozialen Werte leiten uns beim Handeln? Welche ungeprüften Vorannahmen, Vorurteile oder Glaubenssätze prägen unser Handeln?*),
- Agilität (*Realisiert unser Handeln die agilen Prinzipien nachhaltig? Welche Alternativen haben wir, um noch agiler zu handeln?*)
- Absichten, die das Kollektiv entwickelt, (*Welche konkrete Absicht verfolgen wir durch unsere Handlungen? Ist unser Vorgehen fundiert geplant und wird auch so umgesetzt? Wie sind unsere Vorgehensweisen untereinander abgestimmt? Welche verdeckte oder heimliche Absichten haben wir? Was hält uns vom Handeln ab?*),
- Handlungsstruktur des Kollektivs (*Haben wir ein ausreichend gemeinsames Wirklichkeitskonstrukt? Sind unsere formalen und sozialen Strukturen arbeitsfähig? Erlaubt unsere Kultur agileres Handeln? Haben wir ausreichend individuelle Kompetenzen und können diese auch wirken?*)
- Handlungsvoraussetzungen (*Welche Dispositionen, Ressourcen, Möglichkeiten nutzen wir, welche nicht? Wie gehen wir mit Restriktionen und Hindernissen um?*)
- Handlungen des Kollektivs, (*Unterstützen unsere Handlungen – als Tun und Unterlassen – unsere Absichten? Realisieren sie unsere Prämissen und Werte?*),

- gewollten wie ungewollten Ergebnissen (*Welche Ergebnisse erzielt unser Handeln bei wem?*) und
- deren Folgen (*Was bewirken unsere Handlungsresultate kurz- oder langfristig bei wem? Sind die Folgen eher beabsichtigt oder unbeabsichtigt? Haben wir einen definierten Toleranzbereich bei Abweichungen?*),
- Konsequenzenreiche Reflexivität (*Stellen wir uns redlich die richtigen kritischen Fragen über unser Tun und Lassen? Setzen wir Erkenntnisse und Verbesserungspotenziale konsequent genug um?*).

  Dieser Aspekt berührt auch die **kollektive Verantwortung** für die Handlungsresultate des Teams oder des Unternehmens (*Stehen wir aufrichtig ein für die Folgen unseres Handelns?* bis hin zu: *handeln wir auch moralisch vertretbar?*). Verantwortungsübernahme wird dann sichtbar, wenn den Erkenntnissen dann Wirkungen im Handeln folgen, die möglichst zu Verbesserungen führen.

Agile Führung baut zentral auf diesem Handlungsaspekt auf und achtet neben Reflexionsmöglichkeiten besonders auch auf die konsequente Umsetzung von Erkenntnissen durch konkrete Handlungen und das Überprüfen durch Review-Termine.

Nicht mehr und auch nicht weniger.

Kontexte

Barber Herbert (1992). Developing Strategic Leadership: The US Army War College Experience, in *Journal of Management Development*. Band 11, Nr. 6

Barnad Chester(1968). The Functions of the Executive, *Harvard University Press*, Cambridge

Barthel Erich, Kreuser Karl (2011). Strategisches Kompetenzmanagement, in: Dworschak Bernd, Karapidis Alexander: *Professional Training Facts* 2010, Stuttgart

Casco Jamais (2020). Facing the Age of Chaos, https://medium.com/@cascio/facing-the-age-of-chaos-b00687b1f51d, Abruf vom 24.03.2024

Casco Jamais (2022). Human Responses to a BANI World, https://medium.com/@cascio/human-responses-to-a-bani-world-fb3a296e9cac, Abruf vom 24.03.2024

Ciompi Luciano (1993). Die Hypothese der Affektlogik, in: *Spektrum der Wissenschaft*, Heft 2/1993

European Foundation for Quality Management (2021). *Das EFQM Modell*, Download von https://efqm.org/de/, Aufruf vom 06.03.2024

Erpenbeck John, Brenninkmeijer Bernward (2007). Werte als Kompetenzkerne des Menschen, in: Heyse Volker, Erpenbeck John: *Kompetenzmanagement*, Münster

Erpenbeck John (2010). Kompetenzen – eine begriffliche Klärung, in: Heyse Volker, Erpenbeck John, Ortmann Stefan: *Grundstrukturen menschlicher Kompetenzen*, Münster

Erpenbeck John (2012). Weitere Konflikte – erweiterte Kompetenzen? in: Kreuser Karl, Robrecht Thomas und Erpenbeck John: *Konfliktkompetenz – eine strukturtheoretische Betrachtung*, Wiesbaden

Foerster Heinz von (1985). *Sicht und Einsicht*, Wiesbaden

Ocsor Hans (1990). Organisationen als soziale Akteure, in: *Zeitschrift für Soziologie*, Jahrgang 19, Heft 6

Günther Gotthard (1980). Identität, Gegenidentität und Negativsprache, in: *Hegeljahrbücher 1979*, Berlin

Habermas Jürgen (1981). *Theorie des kommunikativen Handelns*, Band 1 und 2, Frankfurt
Häusling André (2018). *Agile Organisation*, Freiburg
Haken Hermann (1991). *Erfolgsgeheimnisse der Natur – Synergetik: die Lehre vom Zusammenwirken*, Stuttgart
Haken Hermann, Schiepek Günter (2006). *Synergetik in der Psychologie*, Göttingen
Heisenberg Werner (1979). *Quantentheorie und Philosophie*, Stuttgart
Hejl Peter (1992). Selbstorganisation und Emergenz in sozialen Systemen, in: Krohn Wolfgang, Küppers Günter: *Emergenz: die Entstehung von Ordnung, Organisation und Bedeutung*, Frankfurt
Hejl Peter, Stahl Heinz (2000). *Management und Wirklichkeit: Das Konstruieren von Firma, Märkten und Zukünften*, Heidelberg
Heyse Volker, Erpenbeck John (2007). *Kompetenzmanagement*, Münster
Heyse Volker, Erpenbeck John, Ortmann Stefan (2010). *Grundstrukturen menschlicher Kompetenzen*, Münster
Heyse Volker, Ortmann Stefan (2008). *Talentmanagement in der Praxis*, Münster
Hütehund Pius (2020). *Führung ist Haltung, nicht Technik: Merkwürdiges und Seltsames, um etwas sicherer zu führen*, Unterföhring
Jokisch Rodrigo (1996). *Die Logik der Distinktionen*, Opladen
Jokisch Rodrigo (2007). Bisher unveröffentlichter Entwurf: *Auf dem Weg zu einer integrativen Sozialtheorie*, Wiesbaden
Kieser Alfred, Walgenbach Peter (2010). *Organisation*, Stuttgart
Korzybski Alfred (1994). *Science and Sanity: An Introduction to Non-Aristotelian Systems and General Semantics*. New York

Kreuser Karl (2010). Konflikt und Führungsaufgaben, in: Kreuser Karl, Robrecht Thomas, *Führung und Erfolg*, Wiesbaden

Kreuser Karl (2012). Organisation gedacht, in: Robrecht Thomas, *Organisation ist Konflikt*. Kühbach

Kreuser Karl (2014). Unternehmen um halb zehn – auf der Suche nach kollektiven Kompetenzen. www.sok-rateam.de/Veröffentlichungen, Aufruf vom 13.07.2018

Kreuser Karl (2018). *Der Hirtenkönig – sicher führen in unsicheren Situationen*, Unterföhring

Kreuser Karl (2024). *Behauptung einer normativen Führungsethik*, Unterföhring.

Manifest für agile Softwareentwicklung (2001). https://agilemanifesto.org/iso/de/manifesto.html, Aufruf vom 04.03.2024.

March James Gardener (1991). Exploration and Exploitation in Organizational Learning. In: *Organization Science*, Vol. 2, No. 1, Hanover

Marquard Odo (1981). Inkompetenzkompensationskompetenz? Über Kompetenz und Inkompetenz der Philosophie, in: *Abschied vom Prinzipiellen. Philosophische Studien*, Stuttgart

Neidhardt Friedhelm (1994). Das innere System sozialer Gruppen und ihr Außenbezug, in: Schäfers Bernd: *Einführung in die Gruppensoziologie*, Heidelberg

Oevermann Ulrich (1996). Theoretische Skizze einer revidierten Theorie professionellen Handelns, in: Combe Arno, Helsper Werner (Hrsg.), *Pädagogische Professionalität*, Frankfurt

Piaget Jean (1976). *Die Äquilibration kognitiver Strukturen*, Stuttgart

Plessner Helmuth (1981). Die Stufen des Organischen und der Mensch, in: Dux Günter, Marquard Odo, Ströker Elisabeth, *Helmuth Plessner, Gesammelte Schriften, Band IV*, Frankfurt

Rall Marcus, Lackner xx (2010). *Crisis Resource Management (CRM): Der Faktor Mensch in der Akutmedizin*, Heidelberg

Robrecht Thomas (2012). *Organisation ist Konflikt*, Kühbach

Schein Edgar (1995). *Unternehmenskultur: ein Handbuch für Führungskräfte*, Frankfurt

Searle John Rogers (1980). Minds, Brains, and Programs, in: *The Behavioral and Brain Sciences*, Heft 3/1980

Spencer Brown George (1999). *Gesetze der Form*, Lübeck

Sulz Serge, Gräff-Rudolph Ute, Hebing Miriam, Hauke Gernot, Hoenes Annette, Richter-Benedikt Annette (2009). Erlebnisorientierte Schemaänderung, in: *Psychotherapie* 14. Jahrgang 2009, Bd. 14, Heft 2

Teubner Gunther (1987). Hyperzyklus in Recht und Organisation – zum Verhältnis von Selbstbeobachtung, Selbstkonstitution und Autopoiese, in: Haferkamp Hans, Schmid Michael: Sinn: *Kommunikation und soziale Differenzierung: Beiträge zu Luhmanns Theorie sozialer Systeme*, Berlin

Varga von Kibéd Matthias, Sparrer Insa (2009). *Ganz im Gegenteil*, Wiesbaden

Vollmer Günther R. (2005). Verwaltungskultur im Wandel? Ergebnisse einer empirischen Untersuchung, in: Maier Walter, Hopp Helmut und Ziegler Eberhard (Hrsg.), *Mut zur Veränderung*, Stuttgart

Weber Max (1922). *Wirtschaft und Gesellschaft: Grundriss der verstehenden Soziologie*, Tübingen

Weick Karl Edward (1995). *Der Prozess des Organisierens*, Frankfurt

Wittgenstein Ludwig (2003). *Logisch-philosophische Abhandlung*, Frankfurt

Menschen

Baran	58
Barnard	77
Ciompi	25
Erpenbeck	25, 27, 29, 30, 31, 34, 58
Foerster	33
Günther	45
Habermas	60, 67
Haken	54
Heisenberg	45, 89
Hejl	23
Heyse	34, 35
Hütehund	31, 61, 84
Jokisch	44, 73, 85
Kieser	85
Korzybski	51
Kreuser	29, 35, 39
Löffler	40
Marquard	32, 97
Neidhardt	14, 18, 53, 85, 90
Piaget	21
Saller	57
Schein	89, 90
Searle	26
Spencer Brown	45
Stahl	23
Sulz	21
Teubner	24
Walgenbach	85
Weber	85
Weick	20, 72
Wittgenstein	51

Das Bild auf Seite 4 wurde entnommen aus:
Karl Kreuser (2018). *Der Hirtenkönig,* Unterföhring

Terme

Agil............ 1 f., 5 ff., 31, 33, 36, 41 f., 44, 49, 61 f., 69 f.,95 f.
   agiler 8
   Agilitätskompetenz..41
   Manifest.. 1, 5
   Prinzipien...5
Ambiguitätstoleranz.. 12, 91, 97
Arbeitsfähigkeit............................. 19, 38, 61, 67, 85 f., 87
BANI 3
Bereitschaft... 12, 72
Breze...13
Daseinszweck ....13 f., 23, 46 ff., 52, 71, 80, 81
Differenz 45, 48, 89
Differenzierung 18, 40, 77, 79
Disruption 1, 7, 31, 33
Diversity 3, 18, 41, 71, 82
Emergenz 13, 17, 82, 87
Empathie..61, 65 ff., 82, 95
   semantische 68
   syntaktische 68
Fähigkeit .... 12, 15, 18, 26 ff., 33 ff., 37 ff.
Formal ....23, 45 f., 61, 62 ff., 69, 80 ff., 85 ff., 94
Frustrationstoleranz... 12, 97
Führung.....11 f., 19, 22, 26, 32, 37 ff., 44, 48, 61, 62, 75, 77
   Folgen ....11 ff., 61, 93, 99
   Geführtwerden 11
   Leitung ....49, 62 ff., 67 f., 82, 87
   Management .... 16, 22, 48, 54, 64 ff., 82, 87, 94
Funktion.................... 30, 39, 51, 61 ff., 73 f., 77, 82, 87, 90
Gegenidentität......................43 ff., 61, 65 f., 69 f., 86, 89 f.
Gegenteil.. 43 ff., 76
Gegenwart..10, 33, 79
Gruppe..siehe Kollektiv!
Haltung 1, 2, 7, 27, 36, 61, 111
Handlung .... 1, 4 ff., 19 ff., 57 ff., 74 ff., 87 ff.
   Nichtstun...29
Hierarchie .... 61 f., 64, 82

Irrtum 8
Kollektiv. 13 ff., 20 ff., 24, 37 ff., 47 f., 54, 59, 62 f., 66, 70 ff.
   Gruppe 14, 18, 89
   Kollektive Kompetenz 37
   Kollektive Phänomene 17, 67
   Kollektives Handeln 20
   Organisation .... 14 ff., 45, 85, 94
   Team .... 11, 13 ff., 52, 59, 62, 71ff.
   Unternehmen .... 1, 7, 11 ff., 30, 37, 42 ff., 69, ff.
Kompetenz .... 25 ff., 27
   Agilitätskompetenz 41
   Aktivitäts- und Umsetzungskompetenz 35, 39
   Basiskompetenz 34
   Fachlich-methodische Kompetenz 6, 35, 39, 42
   Individuelle Kompetenz 35, 37, 70, 93
   Kollektive Kompetenz .... 37 ff.
   Kompetenzbegriff 27, 29
   Kompetenz-Kontinuum 34, 36, 40
   Kompetenzlernen 25, 26
   Metakompetenz 36, 38
   Personale Kompetenz 35
   Positionierende Kompetenz 39
   Schlüsselkompetenz 41, 95
   Sozial-kommunikative Kompetenz 35, 39
Konflikt 20, 71, 77, 87
Kontext .... 3 f., 36, 53
Kooperation 20, 74
Koproduktion .... 11, 60 f., 66, 95
Kreativität .... 32 f., 91
Kultur .... 13, 38 f., 52, 70, 73, 80, 82, 86, 89 ff., 98
Leitung .... siehe Führung!
Macht .... 61, 65 ff.
Management .... siehe Führung!
Mensch .... 20, 27, 72 ff., 80, 86 f.
   Funktionsträgerin 30, 74, 86
   Individuum .... 12, 30, 35, 58, 63, 72 ff., 86, 90
   Rollenträgerin 64, 72, 73
Mission .... 14, 20 f., 39, 46, 52, 56, 64, 66, 71, 79 ff.

Motivation 27, 67, 83, 84
Nachhaltigkeit 5, 10, 33
Organisation.. siehe Kollektiv!
Paradigmenwechsel .... 1, 11 f., 61
Prinzipien .... 5 f., 36, 49, 69, 82, 98
Rangordnung ....17 ff., 59, 77, 87
Reflexivität 70, 97, 99
Relation..........................8, 18, 22, 34, 48, 61, 66 ff., 75, 89
Respekt.. 65 ff., 82
Rolle .... 18, 29 f., 35, 52, 72 ff., 75, 79, 86, 89
Scheitern...9, 29
Schwäche 34, 36
Selbstorganisation .... 5 f., 27, 40, 54 ff., 59, 60 f., 66, 93
   Kontrollparameter .... 54, 57 ff., 64
   Ordnungsparameter .... 23, 54, 55, 57 ff., 67
   Schwarmintelligenz 56
Strukturprinzip...6, 54, 59
Situation ...8, 19, 22, 25 ff., 29 ff., 34, 37, 43, 45, 47, 58, 69, 72, 75, 89, 91, 93
situativ 7, 21, 22, 29, 30, 34, 48, 49, 62, 63, 70, 89, 90
Sozial .. 14 ff., 23, 45 f., 48, 52, 61f., 67, 69, 72, 77, 82, 85 ff.
Stakeholder... 5, 36, 53, 80, 81
Stärke 34, 36
state of mind 21, 37, 91
Strategie... 12, 71, 82, 96
Struktur ....16, 24, 48, 52, 57, 59, 61 ff., 67, 69 ff., 85 ff.
Team ....*siehe Kollektiv!*
Toleranz 10
Umfeld .. 1 f., 3 f., 8 f., 29, 38, 41, 46, 52, 57, 71, 72, 75, 80 f.
Unternehmen ....*siehe Kollektiv!*
Verantwortung ....53, 62, 65, 74 f., 87, 93, 99
Vergangenheit 33, 64, 79
Vertrauen .... 64 ff., 82, 90
VUCA .... 3 f., 25, 29, 37, 45, 47, 58, 69
Wechselwirkung ....17 f., 24, 34, 52
Werte .....1,12, 22 f., 25 ff., 43 ff., 58 ff., 61, 67, 82 ff., 87, 89
Wirklichkeitskonstrukt ....14, 24, 70 ff., 76, 77, 82 ff., 98
Zukunft..10, 33, 64, 73, 79, 96

Sicher führen und beraten
In dieser Reihe sind bisher erschienen:

Band 1	Karl Kreuser 2017 **Behauptung einer normativen Führungsethik** 2. überarbeitete Auflage 2024
Band 2	Karl Kreuser 2018 **Der Hirtenkönig** *Sicher führen in unsicheren Situationen*
Band 3	Karl Kreuser 2019 **Eine Theorie des agilen Unternehmens** *Erklärung von kollektiver Kompetenz* 2. überarbeitete Auflage 2024
Band 4	Karl Kreuser *und* Thomas Robrecht 2019 **Professionelle Beratung** *Menschen und Unternehmen kompetent begleiten*
Band 5	Pius Hütehund 2020 **Führung ist Haltung, nicht Technik** *Merkwürdiges und seltsames, um etwas sicherer zu führen*
Band 6	Thomas Robrecht 2020 **teamfixx® Praxisbuch** *Grundlagen, Flipcharts und Arbeitsaufträge*

www.ingramcontent.com/pod-product-compliance
Lightning Source LLC
Chambersburg PA
CBHW031431210526
45464CB00005B/2148